JN212486

昭和100年

古市憲寿

講談社

昭和１００年

はじめに

昭和100年の日本

西暦2025年は昭和100年にあたる。

もちろん実際の昭和はとっくに終わっている。昭和とは、1926年12月25日から1989年1月7日までの期間だ。昭和が幕を下ろしてからすでに30年以上が経過している。その次の元号に当たる平成も終わっている。[1]

さらに今、昭和時代に成立した諸制度さえ、同時多発的に崩壊しつつあるようにも見える。テレビや新聞といったマスコミは力をなくし、SNSを中心としたインターネットメディアの影響力が増した。ジャニーズ事務所は解体され、芸能界も社会の潮流とは無縁でいられなくなりつつある。

ジェンダー平等に対する意識も高まった。2021（昭96）年、東京オリンピック・パラリンピック組織委員会の会長だった森喜朗（もりよしろう）（昭12）は自身の発言が「女性蔑視」と批判され、辞任に追い込まれている。

昭和最後の年である1989（昭64）年の世界時価総額ランキングでは、上位50社中、実に32社が日本企業だった。その中には2011（昭86）年に原発事故を起こす東京電力も、

[1] 2019年からは新元号の令和が始まった。元号の考案者とされる国文学者の中西進（昭4）に色紙に「令和」と書いて欲しいとお願いしたら、快く引き受けてくれた。

２０１７（昭92）年に約５５００億円の債務超過に陥り、優良事業を売却せざるを得なかった東芝も含まれる。

そんな時代が嘘のように、２０２３（昭98）年の世界時価総額ランキングのトップ50社には、辛くもトヨタ自動車がランクインするのみである。

「降る雪や　明治は遠くなりにけり」という俳句が詠まれたのは１９３１（昭６）年のことだった。明治は１９１２（昭-14）年に終わっているので、約20年後の句である。

そして今や、昭和の終わりから30年以上が経っているのだから、「昭和は遠くなりにけり」というのも当然だ。

いや、そうだろうか。本当に「昭和」は終わったと言えるのだろうか。依然として、この社会には昭和がいたるところにこびり付いているのではないか。

昭和政治の象徴だった「政治とカネ」の問題は、未だにメディアを賑わせ続けている。雇用の流動化が唱えられながらも、新卒一括採用・年功序列・終身雇用といった「日本型雇用」は健在だ。[2]

ジェンダー平等も意識だけ高くなったものの実態は伴わない。女性国会議員の割合は、２０２４年に解散する前の衆議院で10・３%。世界１８６ヵ国中１６４位という非常に低い数値だった。[3] 同様にプライム市場上場企業における女性役員の割合も13・４%に留まる。日本を除くＧ７の国々では、女性役員の割合は平均すると約４割である。

２　大手出版社はその最たる例かもしれない。本書の担当編集者の二人は新卒一括採用で入社、定年まで退職する気はないようである。

３　２０２４年10月の衆議院議員選挙で女性議員の割合は15・７%まで上昇した。参議院は26・７%。だがイギリスや北欧諸国では４割を超えている。

教育現場も旧態依然としている。未だに学校では紙と鉛筆が現役で使われている。iPhoneもChatGPTもある時代に、教師が黒板に書いたことをノートに写すという前時代的な行為が続く。

外交関係に目を向けても、昭和時代に生まれた禍根と制度は消えそうにない。

中国の愛国教育では「抗日戦争」が重要なテーマの一つであり、全土に戦争博物館が点在する。韓国とは慰安婦や徴用工などを巡りたびたび歴史問題が勃発する。[4]

日本の敗戦後、アメリカ占領下で制定された日本国憲法も現役だ。第二次世界大戦の戦勝国連合として始まった国際連合において、日本は安全保障理事会の常任理事国になれずにいる。安倍晋三（昭29）が脱却を目指した「戦後レジーム」は健在だと言わざるを得ない。

日本がナンバーワンを目指した時代

昭和とは何か。実際に60年以上続いた時代だから、さまざまな角度から語ることが可能だろう。

この本では、昭和を日本が工業の力で覇権を取ろうと画策した時代として考えてみたい。日本が「ナンバーワン」を目指した時代と言い換えることもできる。

昭和初期の日本は、東アジアに閉じ籠もることなく、アフリカから中近東、中南米まで世界市場の開拓を目指した。[5]「東亜」だけでの自給自足は難しく、特にアメリカとの通商・貿

4　古市憲寿『誰も戦争を教えられない』講談社＋α文庫、2015年。

5　井上寿一『戦前日本の「グローバリズム　一九三〇年代の教訓』新潮選書、2011年。

易関係は不可欠だったのだ。

　無謀にも日本はそのアメリカに戦争を挑み、負ける。だが１９４５（昭20）年以降は、敗戦を奇貨として目覚ましい経済成長を達成した。[6] 戦争には負けたが経済成長の勝者にはなったのだ。１９６８（昭43）年にはＧＤＰベースで世界2位の工業大国となる。

　１９７３（昭48）年と１９７８（昭53）年にはオイルショックを経験し、一時的には経済が停滞するものの、日本経済は持ちこたえた。それどころか国際的にも日本の存在感は高まっていく。

　１９７９（昭54）年にアメリカで出版された本では「ジャパン・アズ・ナンバーワン」ともてはやされ、[7] 昭和末期には未曽有のバブル景気を経験した。不動産価格は高騰し、東京都の山手線内側の土地価格だけで、アメリカ全土が買えると騒がれたりもした。

　このように昭和は、軍事的に叶えられなかった夢を、経済的に実現させた時代とも言えそうだ。その後に訪れる平成とは対照的である。

口先ではオンリーワンな平成、そして

　平成最大のヒットソングはＳＭＡＰによる「世界に一つだけの花」だ。[8]

　その歌詞が「ＮＯ．１にならなくてもいい」「もともと特別なOnly one」というのが象徴的である。まさに「平成」とは「ナンバーワン」をあきらめた日本が、何とか「オンリーワ

6　敗戦によって経済後進国になったため他国の経済政策を真似しやすかった上に、戦勝国アメリカの対日政策が、賠償よりも経済発展優先だったなど、いくつもの幸運が重なった。

7　エズラ・ヴォーゲル『ジャパン アズ ナンバーワン アメリカへの教訓』ＴＢＳブリタニカ、１９７９年。

8　オリコンによると、平成期に発売されたシングルＣＤとして最も売れた。累計売上枚数は３１２・８万枚。

ン」を模索する時代だったのかも知れない。

もしも本当に平成日本が「オンリーワン」を見つけられればよかった。だが実際の平成は、何とか昭和を延命させようとした時代に過ぎなかったのではないか。

社会学者の小熊英二（おぐまえいじ）（昭37）は、「平成」を、１９７５（昭50）年前後に成立した日本型工業社会が機能不全になる中で、問題の先延ばしのために補助金と努力を費やした時代だと総括した。[9]

そして訪れた令和時代、いよいよ「昭和」は終わるのだろうか。

どうやら一筋縄ではいかなそうだ。そもそも令和は、昭和の再演から始まる予定だった。２０２０（昭95）年に華々しく東京オリンピックが開催され、２０２５（昭100）年には大阪・関西万博が続く。２０２７（昭102）年には東京と名古屋間を結ぶリニア中央新幹線が開通する。さらに２０３０（昭105）年は札幌オリンピックが開催される。

これが、予定されていた「令和2年から令和12年」の日本なのだが、どうしても「昭和39年から昭和47年」を思い出してしまう。

すなわち、日本の高度成長の最中に開催された１９６４（昭39）年の東京オリンピックと同年の東海道新幹線開通、１９７０（昭45）年の大阪万博、１９７２（昭47）年の札幌オリンピックの反復なのだ。まるで「昭和と同じことをすれば日本が復活する」という呪術的な願望さえ感じてしまう。

9　小熊英二編『平成史【完全版】』河出書房新社、２０１９年。「通常版（初版）」「増補新版」「完全版」の3種類が存在する「平成」っぽい本である。

だが目論見は外れた。新型コロナウイルスの流行により東京オリンピックは開催が延期され、反対運動も盛り上がった。リニア中央新幹線は当時の静岡県知事（昭23）の抵抗もあり工事が停滞、開通の目処は立っていない。札幌オリンピックは招致を断念した。

そして目下、大阪万博の開催を巡って大きな論争が起きている。奇しくも開催予定は、昭和100年に当たる2025年だ。

万博は未来のショーケースだった

今から約170年前にロンドンで産声をあげた万博は、人類の未来をプレゼンテーションする舞台として機能してきた[10]。

1851年のロンドン万博では巨大なガラス建築「水晶宮」が注目を浴び、2年後のニューヨーク万博ではエレベーターが実演披露された。1876年のフィラデルフィア万博では世界最大の蒸気機関が人気を集める。1889年のパリ万博に合わせてエッフェル塔が建設され、エジソンの蓄音機が話題の的となった。

1970年の大阪万博も、未来を体現したものだった。月の石が展示され、動く歩道が整備され、テレビ電話や人間洗濯機が注目を集めた。実現されなかった製品を含め、1970年万博は未来社会の実験場でもあった[11]。

そして2025年、再び大阪で万博が開催される。だが1970年と大きく違うのは、万

10　平野暁臣『万博の歴史　大阪万博はなぜ最強たり得たのか』小学館クリエイティブ、2016年。

11　人間洗濯機は介護用機器として再注目されている。大阪万博が構想した、人間が身体を動かさずに済む「未来」は、高齢化の進む日本で現実的な要望になりつつある。

博会場という具体的な場所で、未来を展示する意味が全くなくなってしまったことだ。

21世紀の未来は、スマートフォンの中で、ある日突然始まる。2016（昭91）年の「ポケモンGO」や、2022（昭97）年のChatGPTなど画期的なサービスは、リリースされてすぐにインターネットを通じて世界中で大量のユーザーを獲得した。未来を体験したいならスマートフォンを開けばいい。

そもそも21世紀の未来は、目に見えにくい。昭和が終わった1990年代、世界は工業社会から情報社会への転換を経験した。自動車や鉄道など工業が主役の時代から、インターネットやAIなど情報技術が影響力を持つ時代に変わったのである。

工業社会の万博ならば、「空飛ぶクルマ」や「リニアモーターカー」の模型でも展示していれば、未来を演出することができただろう。しかし情報社会となった2025年万博では、もはやわざわざ会場で展示するものなどあるはずがないのだ。

2025年万博の目玉として報道されているのが、空飛ぶクルマである。そして月の石の再展示も検討されているという。どちらも工業社会の遺物のような代物だ。機能的にヘリコプターと大差のない空飛ぶクルマに新奇性はないし、今さら月の石を見たい人が多いとは思えない[12]。

このままでは大阪万博は、終わったはずの昭和を象徴するようなイベントになるだろう。まさに昭和100年を記念するのに相応しい国家的行事と言える。

12　上野の国立科学博物館では、アポロ11号とアポロ17号が持ち帰った月の石が常設展示されている。地下3階の片隅の展示なのだが、足を止める人は少ない。

ゾンビのように昭和は蘇る

果たして「昭和」は終わるのだろうか。それともゾンビのように何度も蘇るのだろうか。

本書では「昭和100年」を記念して、いくつかの角度でこの問題を考えてみたい。一言でいえば、「昭和」の夢の跡を振り返る一冊になるだろう。

1章のテーマは万博だ。1970年の大阪万博以降も、世界各地で万博が開催されてきた。その中でも近年の大規模万博の開催跡地を訪れながら、2025年の大阪万博成功の可否を考えてみたい。

2章では、宇宙をテーマに科学が見せた夢の歴史を振り返る。昭和後期において、宇宙は輝かしい未来の象徴であった。日本政府が独自で有人ロケットの打ち上げを目指していた時代があったほどだ。だが今や日本の宇宙開発は軍事と急速に接近しつつある。

3章は、1964年と2021年に開催された東京オリンピックがテーマである。一般的に輝かしい出来事として記憶される1964年オリンピックだが、実際のところ負の遺産も多いと言わざるを得ない。

4章は「昭和」をより長いスパンで捉えてみたい。本書では「昭和」を日本がナンバーワンを目指した時代と定義したが、本来それは近代という時代の特性でもある。近代が産声を上げた欧州各地を巡りながら、その夢の跡を考察していく。

5章では、2021年の万博開催地でもあった「未来都市」ドバイを例にしながら、世界的に「昭和」が復活しつつある状況を見ていきたい。冷戦終結後、人類が夢見たグローバルな世界秩序は、急速に色褪（あ）せつつある。その上で、昭和という亡霊がいつまでこの社会を支配するのかについて考えてみた。

このように本来は5章構成の本なのだが、幕間（まくあい）として3章と4章の間に「戦後100年」と題したシミュレーションを配置した。昭和100年のさらに先、戦後100年の視点で日本社会を考えた未来予測である。2045（昭120）年から振り返ると、この国はどのように見えるのだろうか。

各章は独立しているので、どの章から読んでも構わない。時間のない人は5章だけを読んでも本書の主張は伝わると思う。

西暦には元号を昭和で併記している。また人物にも生年を元号で付記した。最近はあまり見かけなくなったが「昭60」は昭和60年という意味である。[13]

昭和以降の平成・令和に関しては、昭和が続いていたらという前提で数字を計算している。昭和以前に関しては、昭和元年を起点としてその何年前かを記した。

それでは、昭和100年を巡る旅に出かけよう。

13　本書は、最も「昭」という漢字が頻出する書籍の一つになるかも知れない。本当は始皇帝（昭-2184）のように、全ての西暦と人物の生年を昭和併記にしようと思ったが、あまりに煩雑になるので基本的には20世紀以降にしている。ちなみに本書にはこれ以降、始皇帝は登場しない。

目次

5章　「昭和」は終わらない　243

1章　昭和100年の万博

万博は地上最大かつ期間限定の祝祭として、人類に未来への夢を魅せてきた。しかし、大量生産・大量消費の時代は終わり、ＳＤＧｓが重視される今、その存在意義が問われている。本章では、過去の巨大万博の跡地を訪れ、その光と影を浮き彫りにしていきたい。２０２５年大阪・関西万博は、次世代へのレガシーを残せるのだろうか。それとも、ただの一過性の「もったいない行事」で終わるのだろうか。

1　万博の「聖なる一回性」

地上最大のもったいない行事

万博とは期間限定の祝祭である。会期が過ぎると、ほとんどの建物は撤去され、祝祭は過去のものとなる。

「ミスター万博」[14]とも称された堺屋太一（さかいやたいち）（昭10）によれば、万博は「聖なる一回性」という理念こそが重要だという。[15]たった一度きり、そこでしか開催されないからこそ、非日常のイベントとして万博は価値を持つというのだ。

堺屋太一は元通産官僚で、１９７０（昭45）年の大阪万博の立役者でもある。その後も沖

14　揶揄された、とも言う。

15　堺屋太一『地上最大の行事　万国博覧会』光文社新書、２０１８年。

縄海洋博、インターネット博、愛知万博など、何かにつけては万博に絡み続けた文字通りの「ミスター万博」なのだ。

堺屋曰く、万博は「地上最大の行事」である。数週間で終わるオリンピックと違い、会期は6ヵ月にも及び、入場者数や投資金額など、他に類を見ない「真に偉大な行催事」だ。その「地上最大の行事」でありながら、「聖なる一回性」という点が、一部の人が万博にロマンを感じる理由なのかも知れない。

たとえばアメリカのネバダ州で開催される「バーニングマン」は、砂漠の中に1週間だけ「街」が現れる祝祭だ。その神秘性に惹かれて、世界中から数万人を動員し続けている。

だがバーニングマンと万博ではわけが違う。期間や規模はもちろんだが、何より万博には公金が投入される国家的な行事だ。バーニングマンのように変人が勝手にお金を落とすイベントとは事情がまるで異なる。

高度成長期であれば「聖なる一回性」も許されたのかも知れない。大量生産と大量消費の時代は、当然ながら大量廃棄も許容される。

しかし時代は変わり、ＳＤＧｓが持てはやされる世界になった[16]。持続可能性が重視される社会と万博というのは非常に相性が悪い。大量の資源を用いて都市改造を断行し、会期後にはことごとくパビリオンを破壊する万博など、ＳＤＧｓの観点から言えば愚の骨頂ともいえるイベントだ。何とももったいない[17]。

16　流行語になり、いい大人がピンバッジまで胸元に輝かせているので説明は不要だと思うが、持続可能な開発目標（Sustainable Development Goals）のこと。２０００年の国連ミレニアム宣言を元にまとめられた「ＭＤＧｓ」の進化版で、２０１５年の国連総会で採択された。世界的に曖昧に使われている言葉だが、「何かいいことしよう」くらいの意味で通用している。

17　ケニアの環境活動家ワンガリ・マータイ（昭15）が「MOTTAINAI」を国連で紹介したのが２００５年のことだった。久しぶりに思い出した。

実は万博もこうした批判に無頓着だったわけではない。早くも1992（昭67）年には「ハノーファー原則」が作成され、来るべき万博は環境に配慮した持続可能なイベントであるべきだと提言していた。

万博は都市に何を残すのか

実際、近年の万博は「レガシー」を強調する。レガシー、つまり次の時代に受け継がれていくもの、という意味だ。2025（昭100）年の大阪万博に関しても、大阪府は次のようなことを宣言している。

「万博を一過性のものとせず、そのインパクトを最大限に活かし、「大阪の持続的な成長」と「府民の豊かな暮らし」を確たるものにするとともに、万博開催都市として、SDGsの達成に向けて世界とともに未来をつくっていく必要がある」[18]

おそらく執筆者は「持続」と「SDGs」という言葉を入れられて満足したのだろう。結局何を言いたいのかはよくわからないが、堺屋太一のように万博を「聖なる一回性」のイベントとして考えるのではなく、何とか万博後もそのレガシーを活かしていきたいという意気込みは感じられる。

18　大阪府「万博のインパクトを活かした大阪の将来に向けたビジョン」2020年3月。

だが具体性はまるでない。それもそのはず、万博の跡地利用検討は開催半年前の2024（昭99）年11月から、ようやく民間事業者の提案を受け付け始めるのだという。

この章で明らかにしていくように、開催直前まで跡地計画が定まっていない万博というのは、少し異常だ。1992年の「ハノーファー原則」からすでに30年以上が経っているのである。

ただのお祭りではなく、開催地にきちんとレガシーを残すことが万博の責務とされるようになった。では近年の万博は、一体その地域に何を残してきたのだろうか。

かねてから僕は万博に懐疑的だったが、実際に訪れもせずに批判をするのは違うと思って、熱に浮かされたように世界各地の万博跡地を訪れている。すでにその数は20を超えた。[19]

1970年の大阪万博以降、規模の大きな一般博・登録博は、1992年のスペインのセビリア、2000（昭75）年のドイツのハノーファー、2005（昭80）年の日本の愛知、2010（昭85）年の中国の上海、2015（昭90）年のイタリアのミラノ、2021（昭96）年にアラブ首長国連邦のドバイで開催された計6つである。

この章では、その中でもヨーロッパのセビリア、ハノーファー、ミラノに注目してみたい（ドバイに関しては5章で触れる）。世界的に見ても、ヨーロッパは環境に対する意識が高いとされ、しばしば日本の識者も事例として自慢げに紹介するからだ。またミラノ万博は、大阪万博招致の際にも議会が調査団を派遣するなど、学ぶべき成功事例とされた。

19　2024年11月現在、訪れた街は以下の通り。大阪、つくば、愛知、沖縄、ニューヨーク、シアトル、モントリオール、ハノーファー、ベルリン、セビリア、サラゴサ、ミラノ、ブリュッセル、リスボン、パリ、ロンドン、ヘルシンキ、アスタナ、ブリスベン、メルボルン、上海、大田（テジョン）、麗水（ヨス）。いずれ一冊の本にまとめたいと思う（興味ありますか？）。

ヨーロッパは万博発祥の地でもある。ご当地では、万博のレガシーを一体どのように活用しているのだろう。

2　セビリアの廃墟　1992

スペインの静岡は曇っていた

２０２４年3月中旬、スペイン南部に位置するセビリア空港に到着すると生温い空気に包まれた。気温は26度で、蒸し暑いほどだった。それほど大きな空港ではないし、あまり活気があるとも思えない。タクシー乗り場にも行列はできていないし、Ｕｂｅｒのようなライドシェアもそれほど活用されていないようだ。

本当にこの街で巨大な万博が開催されたのだろうか?

実はセビリアはアンダルシアの州都で、スペインでは5番目に大きな都市である。[20]『地球の歩き方』によれば、アンダルシアは「青い空、光り輝く太陽、白壁の家、そして闘牛とフラメンコの故郷。私たちの思い描くスペインのイメージを最もよく表している」[21]。

真夏に来たら印象が変わったのだろうか。少なくとも今日のアンダルシアは曇っている。太陽も光り輝いていない。白壁の家はあるが、天気のせいか薄汚れているように見えた。

20　最も大きな都市はマドリードで人口３３０万人、そこにバルセロナの１６０万人、バレンシアの80万人、サラゴサの69万人と続く。近年、セビリアとサラゴサの人口はほぼ同数。サラゴサでは２００８年に規模の小さな万博（認定博）が開催された。スペインの総人口は4７７８万。思ったよりも少なかった。

21　地球の歩き方編集室編『地球の歩き方　スペイン　２０２４〜２０２５』２０２３年。

セビリアは州都と言っても、人口は70万人弱。日本で言えば静岡市くらいの規模だ。そのスペインの静岡で1992年、大阪万博以来の一般博という規模の大きな万博が開催されたのである。目標来場者数は3600万人だった。

なぜ、このセビリアで「地上最大の行事」が開催されることになったのか。

没落した祝祭の街

コロンブスの棺（セビリア大聖堂）

大西洋に注ぐグアダルキビル川の河岸に位置するセビリアは、古くから港湾都市として発展してきた[22]。特に15世紀の大航海時代には交易の拠点として黄金時代を迎えた。

それを象徴するのが、1492年に新大陸へ到達したクリストファー・コロンブスだ。彼とセビリアの関係は深く、世界遺産となっているセビリア大聖堂には、コロンブスの棺(ひつぎ)が安置されている[23]。

コロンブスのおかげもあり、セビリアは16世紀から17世紀にかけて、スペインで最も大きくて豊かな都市となった。「セビリアは都市ではなく世界」と感嘆する人ま

22　紀元前3世紀にはローマ帝国、5世紀にはゲルマン系の西ゴート王国の支配下にあったが、8世紀からはイスラム教のウマイヤ朝と後ウマイヤ朝の時代となる。13世紀にはキリスト教のカスティーリャ王国の一部となり、その後はスペイン王国に統合される。

23　実際にコロンブスはセビリアで航海計画を練り、死没する直前の1504年から1505年まで居住、万博開催地になったカルトゥハ島の修道院に埋葬されていた時期もあった。

であったという。

だが18世紀になると、セビリアよりも南のカディスが重要な貿易拠点となり、セビリアはただの地方都市として没落していった。

ただし、そのセビリアで隆盛をきわめたものがある。祝祭だ。

今でも聖週間の約2週間後に開催されるフェリア・デ・アブリル（春祭り）が有名なのだが、ただの宗教儀礼が、次第に巨大なパソ（山車）が行き交う大行列になった。[24] 19世紀には鉄道網が発達し、観光客が増えたこともあり、さらにフェリアの祝祭性は増していった。

スペイン広場

その祝祭の町セビリアでは、1929（昭4）年にも万博が開催されている。バルセロナ万博と同時期に催されたイベロ・アメリカ博覧会だ。スペインが植民地としていた国々が参加し、荘厳なスペイン広場が整備されたり、街路を拡張したりと、街の近代化にも幾分かは役立ったようである。

だが万博はセビリア躍進の起爆剤とはならなかった。1936（昭11）年から1939（昭14）年のスペイン内戦や、その後の軍事独裁時代を通じて、セビリアには苦難の日々が

24　黒田悦子『スペインの民俗文化』平凡社選書、1991年。

続いた。

軍事独裁時代の終わった１９７５（昭50）年の時点で、セビリアを含むアンダルシア州は、国内で「最も貧しく、最も遅れた地域」になっていたという。[25] 労働人口の実に約８割が、ジョルナレロス（土地を持たない農業日雇い労働者）だった。

セビリアを辛うじて有名にしていたのがフェリア（祭り）なのである。[26] そんな祝祭の町で、アンダルシア復活の希望をかけて開催されたのがセビリア万博だ。

廃墟の未来都市を闊歩してみた

空港からタクシーで旧市街にあるホテルへ向かう。町は落ち着いていて、祝祭の様子を想像するのは難しい。

チェックインを済ませて、まだ曇っている町を歩き、１９９２年に万博会場があった場所へ向かうことにした。万博は旧市街からグアダルキビル川を隔てたカルトゥハ島で開催された。

川に近付くと巨大な橋が見えてきた。長さ２１４メートル、高さ28メートルのバルケッタ橋である。万博に合わせて整備されたインフラの一つだ。バルケッタ橋を渡ると寂れた遊園地の門が目に入る。１９９７（昭72）年、万博跡地に開園した遊園地「イスラ・マジカ」だ。

開園当初こそ約１３０万人の入場者を記録したが、次第に人気は下落していった。現在は

25 Gómez, M. J. M., & Martínez, E. H. (2016). Sevilla in the first decade of the century: urban transformation for a new urban model. *Boletín de la Asociación de Geógrafos Españoles*, (70).

26 García del Junco, J., Dutschke, G., & Petrucci, M. (2008). The Hofstede model in the study of the impact of Sevilla Expo 92. *Pasos: Revista de turismo y patrimonio cultural*, 6 (1), 27-36. フェリア・デ・アブリル（春祭り）は、バレンシアの火祭り、パンプローナの牛追い祭りと共に、スペイン３大祭りに数えられる。

バルケッタ橋

遊園地「イスラ・マジカ」

Xをモチーフにした建物と巨石人頭像

やや持ち直したというものの、[27]冬期は休業していてカルトゥハ島全体が閑散としていた。

あれだけ堺屋太一が「聖なる一回性」を力説していたものだから、もうほとんど万博の痕跡はないのかと思いながら島を歩いていた。それは杞憂だった。

まるで人類が滅亡した未来都市に迷い込んでしまったかと錯覚するほど、ほとんど人影のない島に、夥しい数のパビリオンが屹立していたのである。

カルトゥハ島では万博のために、112ヵ国、17のスペイン自治州、29の多国籍企業のパビリオンが建設された。そのパビリオンが、驚くほど残存しているのである。[28]

27　2019年には約86万人まで回復し、新型コロナウイルス流行を経た現在も運営を続けている。

28　ただし廃墟として。

会期中には古代アステカ帝国の雰囲気を楽しめたというメキシコ館は、巨大なXをモチーフにした建物と、巨石人頭像のレプリカが残されていた。

だがコンクリートは朽ち始め、人頭像の前には木が生えている。よくSF映画に登場する「荒廃した未来都市」そのものである[29]。

閉鎖されたエスカレーター乗り場を観察していたら、不吉な物音がした。未来人かと思ったら、一眼レフを抱えた地元の大学生だった。趣味で万博跡地を写真に収めているらしい。確かに廃墟マニアにとっては、魅力的な場所なのだろう。

もっとも島は完全な廃墟になってしまったわけではない。万博パビリオンの一部は、大学のキャンパスや研究所などとして活用されている。

通称「カルトゥハ93」。科学技術パークとして、航空宇宙や生物医学など先端分野の研究施設が入居している。その数は500以上で、ウェブサイトでは「セビリアの主要なイノベーション・スペース」だと紹介されている[30]。

その意味で、カルトゥハ島の雰囲気は筑波研究学園都市に似ている。整然とした街路に、やたら未来的な建物が建ち並ぶのに、あまり人間の姿を見かけない。

東京の新宿駅西口の副都心やお台場、汐留にも言えることだが、街を人工的に作るのは非常に難しい。設計者が神の視点でデザインをするあまり、車道が広すぎたり、一区画が大きすぎる街ができてしまうのだ。歩いたり、暮らしたりするのには、非常に不便である。

29　もしくはSNS「X」（旧Twitter）の殺伐さを予言した現代アートのようでもある。

30　https://www.pctcartuja.es/en/　この荒廃した都市で本当にイノベーションが生まれるのかはわからない。

カルトゥハ島が開発されて30年以上が経つが、賑わう旧市街と比べると、未だに人間にとっては使いづらい場所であるようだ。

スペインの夏物語'92

セビリア万博が開催された1992年はスペインにとって特別な年だった。

コロンブス新大陸到達から500年に当たり、国内で数々の記念行事が開催された。その中でも目玉がバルセロナ・オリンピックとセビリア万博だったのである。

だが万博開催は順調に進んだわけではない。[31] いくらコロンブスと縁が深いといっても、それだけでは国家がイベントに巨額を投資する理由にはならない。

そもそも民主化後の1982（昭57）年、選挙で大勝して政権を取ったスペイン社会労働党は、万博に対して懐疑的だった。万博がスペインの過去の帝国主義を彷彿（ほうふつ）とさせるものになってしまうことを危惧したのだ。万博がただのナショナリズムを発露（はつろ）させるイベントになるなら、それは旧独裁政権と変わらなくなってしまう。

さらに地元セビリアも万博に対する負の記憶があった。1929年の万博が財政的に失敗し、独裁政権延命の道具にもなったというトラウマである。[32] 壮麗な公園や遊歩道は整備されたが、何十年にもわたって負債に苦しめられたというのだ。

だが結局、スペイン社会労働党は万博賛成に転じた。それはカタルーニャと並んでアンダ

31 Maddox, Richard. (2004). *The best of all possible islands: Seville's universal exposition, the new Spain, and the new Europe.* Albany:State University of New York Press.
セビリア万博に関して包括的に情報をまとめている一冊。本文中に特に注記がない場合、同書を参考にしている。

32 スペイン現代史は政変が何度も起こっているが、短期間の民主化と王政復古を経て、1923年から1930年はプリモ・デ・リベラ（昭-56）による軍事独裁政権時代だった。万博は政権の成功を内外に誇示する場所だったのだ。1931年には民主化されるものの、1939年から1975年まではフランシスコ・フランコ（昭-34）による独裁政権が続いた。

ルシアが国内でも独立志向の強い場所だったからだ。せいぜい道州制を訴えるくらいの、日本の穏健な「独立志向」とはわけが違う。文字通り、スペインから国家として独立したい勢力が強いのがカタルーニャとアンダルシアなのだ。[33]

その州都がバルセロナとセビリアである。スペイン政府は、巨大イベントを開催することで地域のプライドを満たし、中央との緊張関係を和らげることを狙ったのだ。

そんな政治的な経緯もあって、スペインは1992年に、バルセロナ・オリンピックとセビリア万博の開催を目指すことになった。わかりやすい懐柔策だ。

経済的に貧しいアンダルシアは、社会労働党にとって重要な票田である。万博を名目にして、中央政府との連携を強化してもらう。公金を投入して都市開発を進め、アンダルシアに媚(こ)びを売る。それが社会労働党の戦略だった。

さまざまな思惑が交錯する万博は、開催までに紆余曲折(うよきょくせつ)があった。まず委員長候補だった建築家リカルド・ボフィル(昭14)が、カタルーニャ人だということで批判が起こった。結局は地元の法学者が収まった。

郷土愛の強いスペインでは、各自治州への協力要請の交渉にも配慮が必要だった。開催地となるアンダルシア州はいいとして、他の州からすればなぜ違う州の万博に協力しなければならないのかが問われた。

カスティーリャ・ラ・マンチャ州の首相など「万博でセビリアにパビリオンを建設するく

33　1980年代にはカタルーニャの武装独立組織「Terra Lliure(自由な土地)」による活動が盛んで、死傷者を出すテロ事件も起きている。1995年に解散した。

らいなら、地元に病院を作ったほうがいい」と訴えていた[34]。

また万博を貫くコンセプトも揺れ続けた。当初の「新大陸発見500周年」だけでは植民地主義色が強すぎるということで、「発見の時代」が標語になった。だが「発見の時代」だけでは曖昧すぎて、何がいいたいのかわからない。結局、理念を突き詰めることなく、万博計画は走り始めた。

色褪せた世界の中心・ヨーロッパ

現在、廃墟の並ぶ万博跡地の中でも、とりわけ目立つのがヨーロッパ共同体（EC）のパビリオンである。当時の加盟国数である12の塔が並び、その中央には高さ50メートルの円錐形の塔が屹立する。モチーフは灯台らしい。加盟国の国旗をコラージュして作られたカラフルな建物だ。

スペインは1986（昭61）年、ポルトガルと共にECに加盟したばかりだった。

セビリア万博の準備期間中の1989（昭64）年にベルリンの壁は壊され、長く続いた冷戦が終結している。ソ連や東欧では自由主義改革の動きが強まり、少なくともEC加盟国では近い将来、単一の欧州市場と、更なる政治的統合が実現できると思われていた。

つまり1992年は「国境のないヨーロッパ」という夢が最も楽観的に信じられた時代だったのだ。

34　確かに。

ＥＣにとっても万博は絶好のアピール場所だった。「新たなスペインという友人を迎え、ヨーロッパ共同体はこれからも発展していきます。乞うご期待！」というわけだ。

このヨーロッパ・パビリオンは、万博会場全体でも中心の、最もいい場所に位置している。当時、パビリオンの総責任者が、「万博にとって、ヨーロッパが地球上のパワーの中心であることが明確になった」と無邪気に宣言するほどだった[35]。

ヨーロッパ・パビリオン

万博跡地に計画されていた「カルトゥハ93」も、「国境のないヨーロッパ」を象徴するプロジェクトになるはずだった。ヨーロッパを中心として世界中からハイテク企業が集まる新時代を見据えた科学技術の拠点となる計画だった。

１９７０年の大阪万博が「成長」や「科学」に対する最も楽観的なイベントだったとするならば、１９９２年のセビリア万博は「コスモポリタニズム」に対して呑気（のんき）でいられた最後のイベントだったのかも知れない[36]。

その代わりというわけでもないが、セビリア万博で抑えられたものがある。ナショナリズムだ。１８５１

35　さすがヨーロッパ様である。

36　コスモポリタニズムは世界市民主義とも訳されるように、国家や民族という枠組みを超えて、全ての人間が平等な立場で「世界市民」になれると信じる理想的な考え方。もはや懐かしい思想の一つになった。

年に始まった万博は、国威発揚や植民地主義の成果を披露する場として機能してきた。

だが1992年という「新大陸発見500周年」に合わせたセビリア万博は、蓋を開けてみるとコロンブスや新大陸に関する展示がほとんどなかったという。コロンブスが用いた船の実物大のレプリカこそあったが、何とコロンブス本人の銅像や肖像はどこにもなかった。国威発揚を警戒する人々への配慮があったのだ。[37]

また、17の自治州の展示が主体であり、その総体が「スペイン」とされた。つまりヨーロッパという地域やアンダルシアなど自治州の存在が前面に出された代わりに、国家の存在が希薄なのである。当時、流行していたコスモポリタニズムの思想を具現化したのだろう。

あれから30年以上が経った。果てしなく高い理想を掲げたEUは、昭和100年を前にして、非常に心許ない状態になっている。

27ヵ国の大所帯になったと同時に、綻(ほころ)びも見られるようになった。万博当時、ECの一員だったイギリスはすでにEUを離脱してしまった。さらに南北格差やエネルギー問題などの火種を抱え、常に解体の危機が叫ばれている。

ヨーロッパ・パビリオンの一部には「カルトゥハ93」の本部が入居するが、塔は老朽化を隠せない。残念ながら、経年劣化でだいぶ薄汚れた建築物になっている。

その意味で、まさに現在のEUを表現するのに相応しいシンボルだと言えるだろう。

37 コロンブスは「新大陸を発見した英雄」か「先住民に対する侵略者」かを巡って評価が分かれているが、現在のスペインでは未だ「英雄」であるようだ。首都マドリードのコロン広場には、巨大なスペイン国旗が掲揚され、立派な記念碑が建てられている。海事博物館でもコロンブスの偉業を称える部屋があり、きちんと「アメリカ大陸発見」と記されていた。

地元民のリピ、60回！

今となっては寂れたパビリオンばかり目立つカルトゥハ島だが、万博自体は成功したのだろうか？

開催までに紆余曲折を経た万博だったが、蓋を開けてみると、来場者数は予想を上回ったという。目標では３６００万人だったが、最終的な来場者数は４１８１万に達した。

だがこれは延べ人数の話だ。長期にわたって開催される万博では、一人が何度も訪問することが多い。ユニーク来場者で換算すると１５５４万人で、予測の１８００万人を１割強下回っている。

何を隠そう、多数が地元からの来場者だったのだ。

外国人観光客は5割を目指したが、実際は3割程度。それもイタリアやフランスなど近隣諸国がほとんどだった。一方で、セビリアも含まれるアンダルシア地方からの来場者は多く、リピート率も高かった。特にセビリア周辺地域からの来場者は平均で60回も訪問していたという。60回である。

そのため地元ではセビリア万博を肯定的に捉える意見が多い。知り合った地元住民も「万博前にはセビリアには橋の数も十分ではなかった。それだけ万博の効果が大きかったということだね」と言っていた。[38]

実際、社会労働党は万博を口実にして、島に新しい都市を造り出そうとした。道路、橋、

38　万博開催中にはスペイン中央政府とセビリア市の対立が激化する場面もあった。費用負担の問題、地元住民に対する無料招待日を設けるかなどがきっかけとなり、式典中に抗議活動も起こった。

劇場、鉄道網、駐車場、電気、ガス、上下水道などが整備され、光ファイバーケーブルが何キロにもわたって敷設された。

セビリアとスペインの他地域を結ぶ高速道路も整備され、莫大な費用を投じて高速鉄道AVEが建設された。そのおかげで、首都マドリードとセビリアは約2時間で結ばれるようになった。投資総額は1兆円以上とも推定される。

そりゃ地元住民からすれば満足だろう。仕事は増え、観光客が増え、街は潤った。国の大盤振る舞いで、貧しかったアンダルシアの町は、劇的な変化を遂げた。まるで「ヨーロッパのカリフォルニア」だと持てはやす人もいた。

子どもたちも喜んだようだ。1992年に開催されたセビリア万博は、インターネットが普及する前の最後の大型万博だと言える。当時、世界はまだ広く、遠い国の情報を得るのは一苦労だった。

12歳だったアンヘル・アランブル（昭55）は、CNNの取材に次のように答えている。[39]

「子どもの頃、万博会場のそばに住んでいたんです。万博で初めて見るものばかりでした。どんな感じだったか想像できますか？　それまでは中国や日本、アフリカから来た人なんて見たことがなかったんです」

1992年の子どもにとっては、アジアやアフリカの人々と出会うこと自体が初めてのことだった。まるで1970年の大阪万博のようなことが、1990年代のスペインでも起こ

39　CNN Travel "Expo 92: A look back at Seville's City of the Future"（2015年2月25日）

っていたのだ。万博に衝撃を受けた少年は、その後、万博の記憶と保護を目的とする協会の会長になったという。[40]

光と影のアンダルシア

これで大団円（だいだんえん）、とはいかない。もし本当に万博が成功していたら、現在のセビリア万博跡地がこんなに荒廃しているわけがない。一体、何があったのか。

ＥＣに加入し、高度成長を謳歌していたスペイン経済には、１９９１（昭66）年の湾岸戦争を契機に翳（かげ）りが見え始めていた。１９８７（昭62）年には５・５％だったスペインの経済成長率は、１９９１年には２・２％、１９９２年には０・７％、１９９３（昭68）年にはついにマイナス１・２％まで低下してしまう。

まさに万博と共に高度成長は終焉し、経済危機は深刻化したのだ。

１９９３年初頭までに、ペセタは切り下げられ、赤字支出や為替レートは高騰し、スペインは過去25年間で最悪の不況に陥った。しかも欧州通貨統合の基準を満たすために、政府は医療や産業補助金、失業手当などの分野で急激な支出削減を必要とした。

当然、セビリアも他人事ではいられない。万博が閉幕した翌年、失業率は何と28％に達した。観光業と雇用が落ち込み、経済活動の水準は万博の５年前に戻ったという。当然ながら万博終了後は観光客数も激減し、ホテルの空室が大問題となった。日本だったら「呪いの万

40　２０００年代に「expo92.es」というフォーラムサイトで万博の思い出を語り合った人々が、万博跡地を懐古しながら活用する協会「Expo Legacy Association」を結成した。

博」とでも大騒ぎされていただろう。[41]

スペインが経済危機に揺れる中で、万博跡地を活用する科学技術パーク「カルトゥハ93」構想は混乱をきわめた。有効活用されるはずだったパビリオンは放棄されたり、ひどい場合だと関係者が「闇市（やみいち）」でパビリオンの中身を売却したりした。このような混迷する状況に業を煮やして、まともな企業や国の撤退が相次いだ。鎖が張り巡らされたフェンスの向こう側には雑草が生い茂り、乾燥した広場や噴水が、板で囲われた。

結局、「カルトゥハ93」プロジェクトが動き出したのは、セビリアが不況から立ち直り始めた90年代後半だった。

もはや当初計画されていたような、大規模な科学技術の拠点となるのは無理だった。構成機関のほとんどが小規模で、他は財団や大学など公的施設ばかりになってしまった。

荒廃させても懲りません

セビリア万博には日本政府や企業も出展していたが、当時を偲（しの）ばせるものはわずかしかない。万博開催中に3D映画を上映し、人気を博した富士通館は、セビリアの教員研修センターとなっている。建物には「FUJITSU」というロゴが残されたままだった。

安藤忠雄（あんどうただお）（昭16）設計による巨大木造建築は、取り壊され、駐車場となっている。その駐車場を見下ろす位置に、NTTデータのオフィスがあった。もはや風前の灯火かも知れない

41　1929年のイベロ・アメリカ博覧会の年にも、ニューヨーク株式市場の暴落に端を発する世界大恐慌が発生していた。「セビリアで万博をすると経済危機が訪れる」という都市伝説が生まれていないのが不思議なくらいだ。

が、セビリアと日本の命脈は辛くも保たれている。

それにしてもセビリアの廃墟を歩いていると、「万博による経済成長」が淡い幻想だと思い知らされる。万博は短期的な好景気を地元にもたらすが、それは長期的な発展を約束するものではない。

セビリアは万博に懲りていなかったのか、90年代半ばからオリンピックの誘致活動を始め

奥に「FUJITSU」のロゴが見える

雑草が生い茂る跡地

る。[42] セビリア万博と同時に開催され、成功裏に終わったバルセロナ・オリンピックに対する憧れがあったのかも知れない。[43]

祭り好きのお調子者たちはなかなか懲りないのである。

3　ハノーファーの虚無　2000

矛盾から始まった万博計画

ハノーファーはドイツ北部に位置する人口およそ55万人の街で、ベルリンやハンブルクからは高速鉄道で2時間かからずにアクセスできる。海に近いセビリアが静岡なら、ハノーファーは八王子や宇都宮といったところだろうか。

セビリアと同様、空港に降り立っても、あまり活気は感じられない。このドイツの八王子で万博が開催されたのは2000年のことである。

本当ならば、ドイツ史上初の一般博覧会であり、東西ドイツ統一10年と、新しいミレニアムの到来を祝福する巨大な万博になるはずだった。実はドイツは100年前の1900（昭和-26）年にも万博開催を招致したものの、結果的にパリが選ばれたという苦い過去がある。

ドイツにとって念願の万博だったはずだ。浮かれてもおかしくない。だがハノーファー万

42　そして当然ながら失敗する。現在までセビリア・オリンピックは実現できていない。
43　バルセロナ・オリンピックは都市開発という意味でも、経済効果という意味でも、おおむね「成功」と評価されている。

博の主催者は非常に真面目だった。お祭り気分で万博に突入したセビリアと違って、まず立ち止まった。果たして現代において万博を開催する意味はあるのかと。

そこで1990（昭65）年に万博開催が決まると、ハノーファー市は専門家に「ハノーファー原則」の作成を依頼、1992年に「国連環境開発会議」（地球サミット）で発表された[44]。「ハノーファー原則」では、これまでの万博やオリンピックなどの巨大イベントを批判する。未来に対してあまりに楽観的だったし、無用な開発によって環境を破壊してきた。そこで来るべき万博は環境に配慮した持続可能なイベントであるべきだというのだ[45]。

1992年の地球サミットでは、行動計画「アジェンダ21」が採択された。この計画のキーワードも「持続可能性」だ。森林破壊や砂漠化などの環境問題を無視せずに、持続可能な開発をしていこうという発想が元になっている。その後の「SDGs」にもつながっていく行動計画だ。

真面目なハノーファー万博は「ハノーファー原則」と「アジェンダ21」に縛られて計画を進めていくことになった。

環境問題や持続可能性と万博というのは、いかにも相性が悪そうだ。万博会場の造成には何らかの開発が必要だろうし、その際に木を切り倒すこともあるだろう。持続可能性と期間限定の祝祭というのも両立がほぼ不可能に思える。

果たしてこの不可能に思えるミッションを、万博主催者はどのように解決したのだろう

44　ニクラス・ルーマン（昭2）やハンス・マグヌス・エンツェンスベルガー（昭4）を引用した重厚な文章なのだが、結局はくどくどハノーファー万博を正当化する言い訳を述べているに過ぎない。また、1932年のレークプラシッドオリンピックで無用なスタジアムが建設されたことや、1939年のニューヨーク万博ではレガシーがほとんど活用されていないことなどを批判しているものの、矛先が大昔なのが優しい。

45　McDonough, William. (1992). *The Hannover Principles: Design for Sustainability.*

か。ドイツ版「プロジェクトX」は幕を開けた。

空っぽの万博会場

ハノーファー空港からUberを30分ほど走らせた場所に万博跡地がある。またセビリアのような廃墟が堪能できるのかと思ったら、目的地にはただ巨大な見本市会場が並んでいるだけだった。平日の幕張メッセやビッグサイトを想像してもらえばそう間違いではない。デザイン的に何の面白みもない巨大な建物群とがらんとした駐車場が広がっていた。

きちんと警備員もいるし、電気も通っている。だからディストピアのような雰囲気はない。ただ閑散としているのである。

がらんとしたハノーファー万博跡地

実はこれはハノーファーとしてみれば「想定内」の事態だ。ハノーファー万博は、セビリアと違って何もない島を無理やり再開発しようとしたわけではない。もともとある見本市会場を活用する、スマートで現代的な万博を意図したのだ。

ドイツは見本市の盛んな国である。見本市とは、新しい商品やサービスが提示され、商談やデモンストレーションの行われる期間限定の展示会のことだ。

日本でいえば、ジャパンモビリティショー（旧東京モーターショー）や東京ゲームショウも見本市の一種である。ちなみに幕張メッセの「メッセ」はドイツ語の「Ｍｅｓｓｅ」（見本市の意）を由来とする。幕張がリスペクトするくらい、ドイツは見本市で有名な国なのだ。

そのドイツの中でも、とりわけハノーファーはメッセの街として有名だ。ハノーファー国際見本市会場の総展示面積は46ヘクタールで、27の展示ホールを持つ世界最大級の見本市施設である。

それも2000年万博がきっかけではなく、歴史は中世までさかのぼる。[46] 中世ドイツでは、都市の広場で定期市が開催されていた。

19世紀後半になると、実際の商品ではなくサンプルだけを陳列して商談を行う「産業見本市」が始まり、大成功を収めた。この産業見本市は、1851年に始まっていた万博を参考にしているという。第一次世界大戦の敗戦後もドイツ各地で見本市が開催され、経済復興の追い風になった。

だが第二次世界大戦が始まると、ハノーファーは軍事的にも重要な拠点だったため、重点爆撃の対象となった。約100回にわたる空襲により、市域の半分以上が破壊され、戦争開始時に47万人いた人口は22万人にまで激減した。

46　辻明伸『ハノーバー・メッセ物語　世界最大の見本市　その素顔』にっかん書房、1988年。

メッセの街・ハノーファー

戦後の焼け跡の中、復興の切り札として考案されたのがメッセ（見本市）である。当時、西ドイツを占領していたイギリスの提案により、ハノーファー郊外で焼け残っていた旧兵器工場を活用してメッセ計画が動き出した。

１９４７（昭22）年のことである。しかし4ヵ月しか猶予のない突貫工事であり、しかも現場労働者の食糧も十分ではなかったようだ。サボタージュまで起こり、食糧庁がメッセ作業に従事する労働者にパンと酢漬けニシンを特別配給したという記録が残っている。戦後ドイツの貧しさが窺（うかが）われる。

酢漬けニシンの効果なのか、無事にメッセは開催にこぎ着けた。英米占領地域のドイツ企業１２９８社が出展し、４０００人近いバイヤーが世界中から訪れ、多額の外貨を獲得することができた。もちろんホテルは全然足りなかったので、イギリス軍の駐在キャンプからベッドを提供してもらったり、民宿制度を活用した。とにかく第1回のメッセは大成功だった。

戦後ハノーファーは、メッセの街として発展していくことになる。１回目のメッセが大成功したことで、１９４８（昭23）年に開催された第2回には申し込みが殺到、展示面積を拡大した。この時すでに、現在の幕張メッセ規模の施設になっていたのだ。

その後もハノーファー・メッセの快進撃は続いた。特にコンピュータ産業の発展により、メッセは革新的な技術を披露し、売り込む場所として注目を浴びた。

当時、ギネスブックにも掲載された1985（昭60）年のメッセでは、世界最大の展示会場に7000社以上の出展者が集まり、訪問者は120ヵ国から85万人に達した。メッセというのは、たった1週間足らずの行事だ。つまり多い日には一日で約20万人がメッセ会場に訪れたことになる。出展したくてもできない企業の数も1000社に及んだという[47]。

さすがに規模が大きくなりすぎたため、1986年からは3月に「セビット」というコンピュータメッセ、4月には「インダストリー」を中心としたメッセと、二度に分けて開催されることになった。

こうしたメッセ花盛りの時代にハノーファー万博の開催は計画された。メッセ会場をフル活用しながら、万博を契機にさらなるインフラの強化を図るというわけだ。

すでにメッセ会場として人気のハノーファー。ただしキャパシティが限界に近付いている。そこで万博を呼び水にして、交通網や宿泊施設の整備を増強する。万博終了後もインフラは使えるので、メッセの街としてハノーファーの発展は盤石（ばんじゃく）なものとなる。

一分の隙もない真面目で完璧なプランに思えた。

47　日本からはNTTがファックスや留守番電話、東芝が業務用パソコンを紹介し、ヨーロッパ市場に食い込もうとしていた時代だ。

「環境への配慮」の優等生・日本

地元の受け止め方は違ったようだ。

1988（昭63）年3月にドイツ連邦政府は万博招致の意向を発表した。だが当のハノーファー市民の間では動揺が広がった。「ハノーファーで万博？」

歴史的に万博開催地といえば、ロンドンやパリといった大都市が多かった。当時はセビリア万博も開幕前である。メッセ以外に大した特色のない中都市で本当に万博が開催できるのか疑問の声があがった。

そしてハノーファーの人々が心配したのは、万博が成功しすぎることだった。万博に向けた開発で、環境が破壊されるばかりか、住宅不足が深刻化し、生活費が劇的に上昇し、格差が広がるのではないかという議論が巻き起こった。[48]

1992年には万博開催の是非を問う住民投票が実施され、賛成が51・5%、反対が48・5%という僅差で賛成派が勝った。

万博主催者は、「ハノーファー原則」と「アジェンダ21」を尊重しながら、環境に配慮した万博を開催することを約束した。

万博の会場面積は160ヘクタールだが、そのうち100ヘクタールは既存のメッセ会場を使用する。新規開発するのはイモ畑だった60ヘクタール。万博期間中に従業員が滞在するアパートは団地に転用できるようにする。とにかく無駄にならない開発をする。そんな方針が立てられた。

もはや万博といえども、万博のために新しい建物を作り、会期が終わればすべて壊すような時代ではない。かといって、セビリアのように使い道に困る廃墟を生み出すのも困る。残

48 Revilla Diez, Javier, and Kramer, Jens. (2011). "Expo 2000 revisited: The regional economic impact of the world exposition in Hannover." *Sociologia urbana e rurale:* XXXIII, 96: 72-86.

すべきものは残し、仮設の建造物であっても環境負荷を低く抑えなくてはならない。どう聞いても、大阪万博よりもしっかりしてそうだ。

総委員長だったビルギット・ブロイエル（昭12）は「私たちはわずか5ヵ月の万博に投資などしない」と明言している。[49]

万博のためだけの道路やホテルなどいらない。我々は万博後を見すえている。これまでもメッセ会場として発展してきて、これからも成長が望めるハノーファーは、万博開催地として理想的だというのだ。

そんな大方針が決まり、参加国にも万博終了後にパビリオンをどうするのかという計画書を提出することが求められた。[50]

真面目なハノーファーからの要求に、最も誠実に回答した国の一つが日本だ。

1997年にJETROから打診を受けた坂茂（ばんしげる）（昭32）は、万博の理念を理解し、産業廃棄物を限りなくゼロにするパビリオン設計を目指した。[51] そこで坂が設計したのは、再生紙の紙管を構造として使う「紙のパビリオン」だ。言うなればトイレットペーパーの芯（の巨大版）で建物を作ったのだ。

解体後は産業廃棄物を出さず、焼却の際にダイオキシンを発生させずにリサイクルが可能となる。結果的に施工費を安く、工期も短く抑えることができたという。

49 Schaar, Giselher and Hassan Mahramzadeh. (1997). "*Hannover Expo 2000 City*" Hannover: Schlütersche.

50 Schrenk, Lisa, and Jensen, Melissa. (2014). "Dystopia in the world of utopia: Unsustainable realities of sustainably themed expositions." ARCC Conference Repository.

51 ギャラリー・間編『坂茂プロジェクツ・イン・プロセス ハノーバー万博2000 日本館までの歩み』TOTO出版、1999年。

閑古鳥が「ちょうどいい」

ハノーファー万博には4000万人の来場者が見込まれていた[52]。セビリア万博の来場者が4181万だったことを考えても、無謀な目標とは思えない。しかも毎年開催されてきたメッセの実績もある。

万博を直前に控えたメッセの来場者は、本家で約28万人、コンピュータ見本市「セビット」は約70万人を集客していた。短期間の、しかも専門家や関係者だけに向けたメッセでこれだけ集められるなら、半年の万博なら4000万人くらい余裕だろうというわけだ。

万博に合わせて空港は拡張され、高速鉄道やトラムも整備された。新駅からは会場まで続く動く歩道も完成した。ビアガーデンやレストランが増え、建設ラッシュとなった。当時のヘルベルト・シュマールスティーク市長（昭18）は「三千戸の住宅も完成した。十年分の公共事業を万博がやってくれた」と上機嫌に語っていたという[53]。

そしてついに2000年6月1日、ハノーファー万博は開幕した。テーマは「人間・自然・技術」。160ヘクタールの広大な会場で、190以上の国や団体が出展する華やかな万博になるはずだった[54]。

ドイツ版「プロジェクトX」はどうなったのか。

環境保護を訴える人々からすれば、大成功の万博だった。

何せ人がほとんど来なかったのである。

52　延べ人数。ユニーク来場者に関しては、ドイツから1000万人、ヨーロッパ諸国から800万人、その他地域から200万人の計2000万人を見込んでいた。

53　「万博の悩み、愛知と重なる？　独・ハノーバー博開幕」『朝日新聞』2000年6月1日名古屋夕刊。

54　最終的には173の国や団体からの出展となった。

日曜日さえもガラガラで、夜間入場料を急遽値下げしても、客足はなかなか伸びなかった。極東の新聞からも「閑古鳥（かんこどり）の見本市」と皮肉られている。[55] また、開幕当日になっても建設工事は間に合わなかった。会場を工事車両が走り回る有様だった。アメリカはスポンサーが集まらず、国としての出展を断念した。

7月には日中の入場料まで値下げしたり、テレビCMを打ったりと、何とか挽回を図るものの、最終的な入場者は1810万人。目標の半分にも届かなかった。シュマールスティーク市長だけは「これ以上客がくると問題が起きる。今がちょうどいい」と強がっていた。[56]

赤字額は24億マルク（約1200億円）に及んだ。赤字は政府が補填することになったが、万博後には裁判沙汰にまで発展した。

55 「万博苦戦（窓・論説委員室から）」『朝日新聞』2000年7月27日夕刊。

56 「ハノーバー万博有終のにぎわい、でも赤字1000億円超」『朝日新聞』2000年9月27日名古屋夕刊。

万博が時代遅れになった最大の理由

なぜハノーファー万博は大失敗したのか。

一つは真面目すぎたからだろう。浮かれたセビリア万博と違い、きちんと時代に対応し、環境問題に真正面から取り組もうとした。これまでの万博のような「未来の展示」ではなく「現実の解決」を目指した。

問題は、そんな真面目なイベントに誰が来るのかという点だ。たとえばドイツのテーマ館では、家電製品や衣服などのゴミを展示して、肥大する人間の欲望を問いかけていたという。お金を出してゴミを見に来たいと思うのは、ゴミ清掃芸人くらいだろうか。

二つ目はハノーファーという街の魅力に起因する。教会や王宮庭園など見所はあるし、マッシュ湖の岸辺は歩くだけで気持ちいい。特にドームに沿った特殊エレベーターで昇る市庁舎の展望台からの景色は、一見の価値がある。無機質なメッセ会場の周辺を歩くよりも、よっぽど有意義であると断言できる。

だが、わざわざハノーファーに行く人は少ない。大阪やミラノなら「観光で来たらたまたま万博がやっていたので行ってみる」というケースがあるだろうが、ハノーファーでそれは考えにくい。

ハノーファー市庁舎

そして三つ目が一番重要なのだが、すでに2000年の時点で、万博の時代が終わりかけていたのだ。

考えてみれば、ハノーファー万博はインターネット普及後に開催された初めての大型万博である。世界中の情報が一瞬で手に入る世界において、わざわざ万博開催地に向かう必然性は薄れてしまった。さらに最先端技術が展示しにくい時代になった。「空飛ぶクルマ」や

「動く歩道」よりも、情報技術や生命科学の展示ははるかに難しい。

１９９８（昭73）年にはポルトガルのリスボンでも万博があったが、比較的規模の小さな特別博だった。来場者は約１０００万人に留まったものの、セビリア万博の反省を活かし、現実的なレガシーを残したと評価されている。その時に建設された欧州最大規模の水族館「オセアナリオ・デ・リスボア」は現在でも高い人気を誇る。

セビリア万博が楽観的な時代の産物だとするならば、ハノーファー万博は来るべき課題に真面目に向かい合いすぎた結果、大滑りしたということになる。

かくして「メッセ」は死語になった

僕が訪れたハノーファーは閑散としていた。セビリアのようにノスタルジーを抱く人もいない。無機質な会場に警備員以外の姿はない。動く歩道も閉鎖されている。

賑わっている場所といえば万博公園に隣接したＩＫＥＡくらいだ。公園自体は、ほとんど人の姿はない。再利用を謳っていたパビリオンも打ち捨てられ、廃墟になっていたものもあった。[57] リサイクルを真面目に頑張った日本館は何だったんだ。

だが、何はともあれ、ハノーファーにはメッセがある。仮に万博が失敗しても元の「メッセの街」に戻ればいいのだ。

ここで20世紀の人々が予見していなかったことが起こる。

57　２０２３年には、ドイツの写真家によって廃墟写真集が刊行された。放置されていたオランダ・パビリオンは最近になってようやく再開発が始まり、２０２５年にオフィスなど複合施設として生まれ変わる。その建築家だったヤコブ・ファン・ライス（昭39）は写真集に「廃墟の美」というエッセイを寄せている。詳しくはNiemann, Piet. (2023). *"Expo 2000: 20 Years Later"* Bielefeld: Kerber Verlag.

無機質な会場跡地

動く歩道も使われていない

メッセ自体が時代遅れの産物になってしまったのだ。わざわざ海外まで出向いて、産業見本市など行かなくても、新製品のプレゼンなどインターネットで済んでしまう。ハノーファー・メッセへの来場者は、万博を経てインフラが整備されたはずなのに減少が続いた。すべてのメッセが消えたわけではない。日本でもジャパンモビリティショーなどの見本市は人気だ。だが世界中でメッセ開催地の奪い合いが起こり、相対的にハノーファーの魅力は減っていった。そりゃ仕事だとしても、せっかくメッセに行くなら魅力の多い街のほうが人気になるに決まっている。

ハノーファーの目玉だったコンピュータ見本市「セビット」は、2018（昭93）年を最後に終了し、本家と統合されることになった。

だが本家のメッセも2019（昭94）年には来場者が21万5000人、新型コロナウイルスの流行が一段落したはずの2023（昭98）年でも13万人という数字だった。一時期は約100万人が訪れていたメッセはすっかり落ちぶれてしまった。[58]

万博に合わせて開業した駅は、1時間に一度列車が止まるだけで、ほとんど人の姿はない。[59] 駅員も見当たらない。トイレは壊れたまま閉鎖されている。

色褪せた案内板には、日本語で「楽しいご旅行を」「またお会いしましょう」と書かれていた。この人生では、もう二度とハノーファーに来ることはないだろうから、しっかりとその文字を目に焼き付けておこうと思った。

「楽しいご旅行を」

58　4月の本家の「ハノーファー・メッセ」以外にも、見本市会場では子ども向け科学催事「IdeenExpo」など年間を通じて10ほどのイベントは開催されている。

59　見本市期間中はドイツ鉄道が特別運行スケジュールを組むため、さすがに駅にも活気が出るのだろう。

4　ミラノの埼玉　2015

「炎上」からの「成功」

2015年5月1日、ミラノ万博は炎上と共に始まった。比喩的な意味の炎上ではなく、文字通り路上で起こった炎上である。

2万人が参加した万博反対デモでは一部が暴徒化、銀行や店舗を襲い、自動車には火が放たれた。警察とのゲリラ戦は2時間に及び、放水銃や催涙ガスによってデモ隊は鎮圧された。街が燃え、市民が逃げまどうという劇的な万博の始まりだった[60]。

反対派は、イタリアが経済危機にあるにもかかわらず、多額の公金を投入する万博開催を問題視していた。さらに万博に関連する汚職事件もイタリアを騒がせていた。建設責任者を含む複数人が贈収賄事件で逮捕されるというスキャンダルが発覚したのだ。

もともとイタリアは「汚職の国」として有名だが、経済危機下の万博でも汚職事件が起こったことは反対派にさらなる火をつけた。そして文字通りの炎上となったわけである。

炎上から始まったミラノ万博であるが、公式には「成功」ということになっている。

実際、会期中には約2220万人が来場し、目標の2000万人を超えた。失敗と言われるハノーファーとあまり数字は変わらないが、ミラノ万博の会場規模は110ヘクタールで

60　暴動が起こったのは市内で万博会場ではない。当日はメーデーでもあったため、デモには多くの人が参加していた。

ハノーファーよりも小ぶりだった[61]。さらにインターネットが十分に普及した2015年の万博としては十分な来場者数なのだろう。

テーマはずばり「食」[62]。さすがイタリアである。理念先行だったハノーファーよりも、はるかにわかりやすい。パビリオンやフードゾーンでは、真面目な展示だけではなく、各国の食事を楽しむことができた。

何より「食」というテーマがいいのは、インターネット上では不可能な行為だからだ。視覚（映像）や聴覚（音楽）に関しては場所を選べず楽しめるコンテンツが増えたが、味覚と嗅覚はそうもいかない。その意味で「食」というのは、情報化時代に相応しいテーマと言えるだろう。

人気パビリオンには長蛇の列ができ、日本館は最長9時間待つ日もあったという。総来場者数は2228万人に達し、自然と食をテーマにした展示は人気を博した。会場には、美濃吉や人形町今半、CoCo壱番屋、モスバーガーなどが出店し、懐石料理からカレーライスまで幅広い日本食を楽しむこともできた。

ミラノ市議会議長のランベルト・ベルトーレ（昭49）も、万博の開催がミラノ変革の起爆となったと自画自賛している。万博は未来に向けて重要なイベントであり、万博を契機としてミラノの誇りは高まり、都市として水準の向上に貢献したという[63]。

反対派による暴動はあったものの、ミラノ万博は「成功」と言い切ってしまっていいのだ

61　万博会場の広さを整理しておくと、セビリアは215ヘクタール、ハノーファーは160ヘクタール、1970年の大阪は330ヘクタール、2025年は155ヘクタールの予定だ。

62　正確には「地球に食料を、生命にエネルギーを」。きちんと真面目な展示もあった。

63　大阪府議会「2025年国際博覧会誘致に関する調査報告書」2018年。

ろうか。おそらく２０１５年5月1日から10月31日までの半年間の盛り上がりという点で言えば「成功」と評価してもいい。

だが現代における万博とは「レガシー」を含めて評価すべきだという立場に立てば、ミラノ万博の「成功」は途端に怪しくなってくる。

フレキシブルすなわちノープラン

ボローニャ在住の友人（昭63）と、ミラノ駅前からＵｂｅｒで万博跡地へ向かった。中心地からは車で30分ほどの距離である。

運転手はしきりに「なぜドゥオーモに行かないのか」と聞いてくる。確かにミラノの観光地といえば、ドゥオーモ（大聖堂）や「最後の晩餐」が鑑賞できるサンタ・マリア・デッレ・グラツィエ教会などが有名だ。わざわざ万博跡地に行く理由がわからないという。

だがその運転手も会期中の万博には足を運んだ。

「郊外で開催されたから市内の渋滞がひどくなることもなかった。交通も整備されたり、投資に見合う成果はあったんじゃないかな。食がテーマだったんだけど、イタリア料理はおいしいからね。僕はミラノ生まれなんだけど、家族はナポリ出身。ミラノ人は冷たいよね。知らない人とあまり話さないし、隣近所も知らない。ナポリの人は温かいよ。でも行く時は気をつけてね。うっかりすると死ぬよ[64]」

64　イタリアは歴史的に南北格差の大きい国である。先に工業地域として発展した北部から、南部は植民地のような扱いを受けてきた。現在でもナポリではゴミ収集が止まったり、マフィアが跋扈していたりと、ある程度の覚悟を持って行くべき街だという。別のイタリアの友人は「ミラノやフィレンツェはＥＵだと思うけど、ナポリはどうかな」と言っていた。

Ｕｂｅｒは病院の前で停まった。16階建ての白い巨塔が殺伐(さつばつ)とした荒野に屹立している。万博跡地に建設されたＩＲＣＳＳガレアッツィ病院である。整形外科と外傷治療に特化した研究施設でもあり、２０２２(昭97)年に開設された[65]。

だが病院が異様なほど巨大に見えるくらい、周囲に建物はほとんど見当たらない。広大な更地にはクレーンが立って、何かの工事が進んでいるようにも見えるが、まだ基礎工事の段階のようだ。

廃墟の並んだセビリアの空しさや、ハノーファーの殺伐さとも違う。ただ何もないのだ。

ミラノ万博跡地の病院

しばらく更地を歩いていると、工事現場を覆い隠す巨大看板に印刷された、ＣＧで描かれた都市の姿が目に入った。オフィスや住居用の近代的なビル群を建設する計画があるらしい。

プロジェクト名は「ＭＩＮＤ」。ミラノイノベーション地区の略だという。環境、健康と福祉、社会的包摂など現代的な課題を、最新テクノロジーで解決しようとする「未来都市」らしい。計画が立派なのはわかったが、現在は病院の他にスタートアップなどが入居する小規模なオフィスしか見つからない。

65　グーグルマップの評価では有料駐車場しかないこと、待ち時間が非常に長いこと、医療レベルに対する疑義などが並んでいる。

もしもここが、ただの再開発地帯なら何の違和感も抱かなかっただろう。だがすでに万博が開催されてから10年近くが経っている。どうして未だに万博跡地は工事現場のような状態なのだろうか。

答えは簡単。何にも考えていなかったからだ。何と万博が始まるまで跡地利用の計画がきちんと定まっていなかった。

万博開催から2年後に当たる2017（昭92）年に、大阪市会議員がミラノ市を視察に訪れている。大阪の万博招致の参考にするためだ。さすがに跡地利用の無計画さには呆れたらしい。報告書では「ミラノ万博を他山の石」にして、大阪で万博が開催された場合は、きちんと跡地利用計画を策定しなければならないと述べている。

工事が続く万博跡地

その上で苦し紛れに「あらかじめ計画する日本人と違ってイタリア人のDNAはやりながら変えていくというフレキシブルさがある」と記されていた。[66]

そのフレキシブルさが遺憾なく発揮された結果が、万博から10年近く経っても続く工事である。

66　大阪市会「平成29年度大阪市会議員海外視察団　海外出張報告書」2017年。

「反万博の会」出現

工事の続く万博跡地を歩いていると、巨大な駅が見えてきた。高速鉄道、在来線、地下鉄も停まるターミナル駅「ロー・フィエラ」だ。[67] さすがイタリアと思わせる洗練されたデザインの駅だが、やはり人影はほとんどない。

駅を越えて姿を現すのは巨大見本市会場「フィエラミラノ」だ。

実はミラノは、ハノーファーと並んで見本市開催地として有名な都市なのである。

1920（昭-6）年から中心地で見本市が開かれてきたのだが、キャパシティ不足で、もっと大きな会場を求める声が高まった。そこで2006（昭81）年にオープンしたのがフィエラミラノである。展示面積は34・5ヘクタールで、ハノーファー、上海、フランクフルトなどに続く世界第6位の広さだ。世界最大の家具イベント「ミラノサローネ」をはじめとした華やかな展示会も多く、[68] 年間稼働率も高いことで知られる。[69]

ミラノ万博は、この見本市会場フィエラミラノに隣接した土地で開催されたわけである。[70] ミラノ万博の誘致が検討され始めたのが、まさにフィエラミラノの開業前後だった。万博としては異例なのは、開催予定地がほとんど私有地だったことだ。[71] フィエラミラノなど民間企業の持つ土地で計画が始まったこともあり、本格的な建築が始まるまで、万博は大きな話題にならなかったという。

67　正確には地下鉄は「ロー・フィエラミラノ駅」で、高速鉄道や在来線の停車するのが「ロー・フィエラ駅」。見本市会場建設に合わせて整備された。

68　日本一のパリピである蜷川実花（昭47）も訪れていて、インスタグラムで「色々インプット出来てとてもよかった」と投稿、ご満悦の様子だった（2024年4月21日）。

69　そりゃ、ハノーファーかミラノなら、ミラノに行きたいですよね。

70　フィエラミラノの位置する場所には、かつて巨大な石油精製工場があった。

71　Di Vita, Stefano., Morandi, Corinna. (2018). *Mega-Events and Legacies in Post-Metropolitan Spaces: Expos and Urban Agendas*. Cham: Springer.

だがミラノが開催地に立候補した2007（昭82）年には、「Comitato No Expo（反万博の会）」が結成され、地元では静かに反対運動ののろしが上がっていた[72]。「反万博の会」の中には、ミラノで進みつつあったジェントリフィケーションに対する反感もあった。ジェントリフィケーションとは貧しい地区を再開発して、もっと豊かで稼げる街へと変貌させていくこと。世界の各都市で開発は進み、一見すると街は綺麗になっていくが、もともとそこに住んでいた人が追い出されてしまうといったことが起こりうる。

ミラノ市内でも「浄化作戦」が始まっていた。万博開催地を決める委員会がパリから訪れた際、ミラノでは「I Lav Milan」というキャンペーンが展開され、街の中心部の環境整備や清掃が徹底された[73]。

中途半端な突貫工事

2008（昭83）年に万博開催が正式に決定されると、計画は着実に進んでいった。当初はミラノに本格的な運河を復活させ、万博会場内をベネチアのようにゴンドラで遊覧できる壮大なプランも提案された[74]。

かつてミラノは運河の街だった。かのレオナルド・ダ・ヴィンチも水路や橋の設計者として自らを売り込み、ミラノでは運河開発にも関わっている。小さなベネチアと称されたことさえもあった。だが鉄道と自動車の普及により運河は不要となり、20世紀までにほとんどが

72　北川眞也『アンチ・ジオポリティクス　資本と国家に抗う移動の地理学』青土社、2024年。フィールドワークを重ね、文章も巧みで良質な書籍だとは思うが、4400円の学術書を出版する著者は、自身の権力性にどこまで自覚的なのかは気になった。

73　Lavは英語の「Love」とイタリア語「Lavare（洗う）」を掛け合わせた造語。

74　ウィーベ・カウテルト「物語作りとデザイン　ミラノ万博」佐野真由子編『万博学　万国博覧会という、世界を把握する方法』思文閣出版、2020年。

埋め立てられてしまった。

万博を契機に、そうした運河を復活させようというわけだ。実は運河復活はヨーロッパ全体のトレンドでもある。観光の呼び水になるし、住宅価値も上がる。さらに都市の緑化と生態系の再生にも寄与する。ミラノ万博では、運河復活が万博のレガシーになると大いに喧伝された。

だが計画は頓挫、万博会場を囲むように名ばかりの「運河」は作られたものの、当初案からは大幅にスケールダウンした。万博のシンボル「生命の木」は小さな池の中央に立ち、噴水を活用したショーは開催されたものの、実際のベネチアとはほど遠い。ちなみに万博終了後は「運河」は放置されたまま、ただ水が無駄遣いされている。

主催者は会場内での雇用を約束していたにもかかわらず、実際はボランティアばかりの募集となり批判が相次いだ。

そして開幕を1年後に控えた2014（昭89）年に発覚した汚職事件である。建設大臣だったマウリツィオ・ルピ（昭34）は逮捕や起訴こそされなかったが、汚職事件に関わっていた疑惑で辞任に追い込まれている。[75]

万博は大混乱となり、建設作業も大幅に遅れた。開幕1ヵ月前になっても、開催国イタリア関連施設で完成していたのはわずか9％で、6000人を動員した24時間態勢の突貫工事が続けられた。[76]

75 FINANCIAL TIMES "Italian minister set to quit amid corruption allegations" (2015年3月20日)

76 「ミラノ万博、工事遅れ懸念　5月開幕、6千人動員し作業」『朝日新聞』2015年4月3日朝刊。

市内のインフラ整備も中途半端で終わった。万博に合わせてミラノ・リナーテ空港からミラノ市内まで結ばれるはずだった地下鉄4号線はようやく2022年に部分開通、全線開通は2024年秋にずれ込んだ。

こうしたトラブルを乗り越えながら、何とかミラノ万博は開催にこぎ着けたわけである。「食」がテーマだったにもかかわらず、一部レストランは開業が間に合わなかった。マクドナルドが出店し、スローフード運動家の怒りを買うなど細かな騒動も無数にあった。だが結果的に2000万人以上の集客に成功し、おおむね「成功」と評価される万博となったわけである。

過去の国が夢見た未来

イタリアに行ったことのある人はすぐに気が付くことだが、とにかくこの国は過去の見所が多い。コロッセオに代表される古代ローマ帝国の遺産はもちろん、美術館に飾られる有名絵画の多くは中世の作品だ。「最後の晩餐」や「ヴィーナスの誕生」など教科書に載るような作品も多くイタリアには残されている。

ミラノには科学博物館があるのだが、この博物館でさえレオナルド・ダ・ヴィンチの名前を冠し、彼の人生や科学の発祥に重きを置く。もちろん宇宙開発や生命科学に関する展示もあるものの、わざわざダ・ヴィンチの時代から科学を解きほぐすのだ。[77]

77　正式名はレオナルド・ダ・ヴィンチ記念国立科学技術博物館。ダ・ヴィンチの生誕500周年を記念して、1953年に開業した。月の石も展示してあったが、東京と一緒でほとんど誰も足を止めない。

この「過去の国」であるイタリアが、何とか夢見ようとした未来が万博だった。万博から10年近くが経ち、その未来は少しずつ姿を現してきた。

本丸の「MIND」地区はまだまだだが、隣接地帯では開発が進みつつある。ゲストや関係者の宿泊施設だったエキスポ村は、マンション群へと生まれ変わった。2023年には巨大ショッピングモール「メルラータ・ブルーム」も開業している。

ミラノにできた「埼玉」

7ヘクタールの売り場面積にアパレルや飲食など210軒の店舗が入居したモールだ。[78] 全国津々浦々にイオンがある日本と違い、イタリアでこうした巨大ショッピングモールは珍しい。

万博跡地から地下鉄とバスを使って足を伸ばしてみることにする。だがバスから降りた瞬間、奇妙な既知感に襲われた。「なぜかこの場所を僕は知っている」「初めて来たはずなのに懐かしい」。

安いライトノベルならここから冒険と恋愛でも始まるところだろうが、僕がミラノに感じたのは「埼玉らしさ」だった。モールを中心として緑地や湖が造成され、その向こうにはマンションが並んでいる。その風景が、

78　ラグジュアリーブランドは少なく、ファッションでいえば「ボス」や「トミー ヒルフィガー」「マンゴ」などの中価格帯以下、日本でもお馴染みの「フライング タイガー」などが店を構える。ちょうどイオンである。

ミラノ・ドゥオーモ

まるで越谷レイクタウンや新三郷ららシティのようなのだ。

埼玉県にはショッピングモールを中心に開発された大型ニュータウンが相次いで誕生している。[79] 開催にあたり暴動まで起こったミラノ万博は、郊外に埼玉のような街を作ることで、その成果を結実しようとしている。

ショッピングモールがレガシーになる日

僕は日本から飛行機を乗り継ぎ、20時間以上かけて、わざわざ埼玉へ辿(たど)り着いたわけである。

ミラノ版イオン「メルラータ・ブルーム」の中を歩いてみる。ファサードに木材を用いたりと、自然との一体性を強調した現代的な建築だ。だが屋上庭園の木はプラスティック製だったり、観察するほど安っぽさが目立つ。

Ｕｂｅｒの運転手に言われた「なぜドゥオーモに行かないのか」という言葉を思い出す。ミラノ中心地に建つドゥオーモは、高さ１００メートルを超える大聖堂でありながら、尖塔

79 越谷レイクタウンには店舗面積が日本1位のイオンレイクタウンと巨大な調整池、新三郷ららシティにはららぽーと、ＩＫＥＡ、コストコが集まる。ちなみに「レイクタウン」も「新三郷ららシティ」も正式な行政区名。今の埼玉はこんなことになっているのである。

や柱、壁に施された繊細な彫刻や装飾は観る者を圧倒する。その完成には実に6世紀を要したという。

それに比べれば10年足らずで完成したショッピングモールが安っぽいのは当たり前だ。同様に「MIND」地区で工事が続くのも驚くことではないのだろう。むしろ「過去の国」イタリアにしては、驚異的な速度で一帯は変貌を遂げているとも言える。

友人の住むアパートメントも、エレベーターの修理をするかどうかで、かれこれ17年も話し合いが続いているという。イタリアにとって10年は今日と明日のようなものなのだ。

おそらく23世紀になる頃には、このミラノ万博跡地も立派な街として栄えているのだろう。

5　みゃくみゃくの大阪　2025

万博はドーピング

ヨーロッパで平成時代に開催された3つの巨大万博を振り返ってきた。図らずもそれはインターネットの普及に対して万博がどう対応してきたかを目撃することでもあった。

セビリア万博からわかるのは、理想に燃えて立派な万博を開催したところで、それは地域振興にもならないし、ただゴーストタウンを建設するだけになるということだ。セビリアの人口は、1992年に70・2万人だったが、2023年になっても69・3万人である。ほとんど横ばいだ。[80] 街の人口規模が一定ならば、いくら万博でカルトゥハ島を新規開発しようが、その需要が限定的なのは当然である。街のキャパシティ的に旧市街で十分なのだ。

もしもハノーファー万博が、1980年代に開催されていれば、さらなるメッセの起爆剤になったかも知れない。だが主催者たちは、インターネットの登場によって見本市が時代遅れになることを予見できなかった。これから巨大なメッセ会場は、ますます閑散としていくだろう。

ただし2000年に51・5万人だった人口は、2024年には54・8万人と微増している。[81] 長らく廃墟として放置されていたパビリオンの再開発や新規の住宅造成が始まったり、万博跡地はにわかに活気づいている。

ミラノ万博が絶妙だったのは「食」をテーマにしたことだ。インターネットでは体験できないことを目玉にしたおかげで集客に成功したと言える。高邁な理念などなくても、フードフェスの巨大版というだけで一定の人々は集まる。

だが万博開催がミラノにとってプラスだったかは謎だ。[82] ミラノは欧州でも人気の観光地だが、旅行者の数は2010年で560万人、万博の開催された2015年で730万人、そして翌年の2016（昭91）年が740万人である。万博などなくてもミラノは十分に魅力的な街なのだ。[83]

80　実は2022年まで長らくセビリアは国内で4番目に人口の多い都市だったが、2023年にサラゴサに追い抜かれている。

81　ドイツ全体の人口はEU最大の約8455万人（2024年）。移民や難民を中心に増加傾向が続いていた。

82　Di Vita, Stefano, Morandi, Corinna. (2018). *Mega-Events and Legacies in Post-Metropolitan Spaces: Expos and Urban Agendas.* Cham, Springer.

83　ミラノは物価高によって、若い世代にとってはチャイナタウンが最も人気のスポットになっている。

ミラノの人口も増え続けている。2014年に309万人だった人口は、2023年には315万人まで増えている。「MIND」地区が完成した暁には、きちんと入居者は集まるのだろう。だが巨額の公金を投じてまで開発すべきだったかは議論が分かれる。

むしろヨーロッパでは、移民問題やオーバーツーリズムという形で、人口や観光客増加の負の面が強調される機会が増えてきた。[84]

セビリア、ハノーファー、ミラノの事例からわかるのは、都市にとって万博のようなメガイベントは、ドーピングのようなものだということだ。だがドーピングは長続きしない。ドーピングで一時的に街は活気づいたように見えるかも知れないが、それは真の成長ではない。

言い換えれば、メガイベントが意味を持つのは、(1)その国や都市が成長しているタイミングで開催し、(2)その後も都市にとって必要なレガシーを残せた時、ということになる。

オリンピックはいいドーピング？

万博と同じくメガイベントの代表選手オリンピックでも同じことが言える。2012（昭87）年に開催されたロンドンオリンピックは、化学工場や倉庫、廃棄物処理施設があり、土壌汚染が懸念されていた東ロンドンのストラトフォード地区の再開発を計画して実施された。かつては「切り裂きジャック」が名を馳せた、治安の悪さで有名だった貧困地帯だ。

現在、ストラトフォードはオリンピック公園を中心にマンションやショッピングモールの

84　特に移民の増加にはさまざまな反応がある。首相だったシルヴィオ・ベルルスコーニ（昭11）は、2009年に新聞『Corriere della Sera』で次のような発言を残している。「ミラノの一部の地区では、非イタリア人の存在があまりにも目立つことがあり、イタリアでもヨーロッパでもなく、アフリカの街にいるような気分になるのは、受け入れがたいことだ」「さまざまな肌の色の多民族社会を望む人もいるようだ。私たちは共感できない」

建ち並ぶニュータウンとして活気づいている。オリンピック直後の2013（昭88）年にも訪れていたのだが（4章）、その時とは印象がまるで違った。

鉄道エリザベス線が開通して交通の便はよくなり、モールには現代風のカフェやレストランが並ぶ。まるで東京の豊洲そっくりだ[85]。

ロンドンも人口が増え続けている街である。2012年の830万人から2023年には960万人と急増、2040（昭115）年には1000万人を突破すると予測されている[86]。ロンドンの人口は少なくとも21世紀半ばまでは増え続けるだろう。住宅の供給不足は深刻で、オリンピックを契機に交通が整備されたストラトフォードも、人気の住宅街となっている[87]。

オリンピックの招致を進めた元ロンドン市長ケネス・リヴィングストン（昭20）がきわめて象徴的な言葉を残している。

「私は3週間の運動会のためにオリンピックを招致したのではありません。政府から東ロンドンの開発資金を引き出すためには、オリンピックを利用するしかなかったのです。土壌を浄化し、インフラを整備し、住宅を建設するためです[88]」

大阪万博は成功するのか？

2025年には大阪・関西万博が控えている。

万博の事務局長である石毛博行（いしげひろゆき）（昭25）は「パスポートがなくても世界を旅することがで

85　ショッピングモール建設は、万博跡地や近隣地の「定番」になりつつある。代表例は1970年の大阪万博、1992年のセビリア万博、1993年の大田万博、1998年のリスボン万博、2015年のミラノ万博だ。ちなみにリスボンのモールの名前は「ヴァスコ・ダ・ガマ・ショッピングセンター」。

86　ロンドン市政府ウェブサイト「Population projections」参照。

87　東ロンドンの高級住宅化は、家を求めていたミドルクラスにとっては歓迎されたが、貧困層はさらに違う場所へ引っ越さなくてはならなくなったという批判もある。よくも悪くも「成功」したジェントリフィケーションの例と言えるだろう。

88　The Standard "Ken Livingstone admits he only bid for 2012 Olympics to 'ensnare' taxpayer billions to develop East End"（2012年4月13日）

き、タイムマシンがなくても未来を垣間見ることができます」と格好よく万博の意義について語る。[89]

だがそんなことは自宅からスマートフォンですればいい。グーグルアースで世界の街を旅してもいいし、YouTubeで古代文明に関するドキュメンタリーを観れば済む話だ。なぜ万博という具体的な「場」が必要なのかという説明にはなっていない。

コンセプトに関しても、「食」のミラノ万博と比べると「いのち輝く未来社会のデザイン」はあまりにも心許ない。本来は「体験」や「モビリティ」「ライブ」など、リアルな空間でしかできないことをテーマにすべきだった。[90]

1970年の大阪万博のテーマは「人類の進歩と調和」だった。現代の視点では曖昧にも思えるが、そこには小松左京（昭6）や加藤秀俊（昭5）らの議論によって育まれた人類史的な観点があった。[91] 少なくとも当時一流の知識人やクリエーターが集まり、万博のために激論を交わしていた。

たとえば太陽の塔の設計者である岡本太郎（昭-15）は、万博準備中から「人類は進歩していない」と公言してはばからなかったという。そして進歩史観をもとにした未来志向の万博に、強い違和感を抱いていた。[92]

そこで岡本は進歩とは真反対の原初的なモチーフを万博にぶっ込んだ。それが太陽の塔を中心としたテーマ館である。万博予算を使いながら世界中から民族資料を集め、太陽の塔の

89 『pen特別編集号　大阪・関西万博へ行こう！』CCCメディアハウス、2023年。

90 もしくは「いのち輝く未来社会のデザイン」を実現するためには、レガシーという点からも、万博開催後も運用され続ける病院建設などもあり得ただろう。医療ツーリズム市場は拡大傾向にあり、インバウンドにも対応した高度医療を受けられる施設には一定の需要がある。もしくは日本では不可能な安楽死を特区として解禁したり、万博を契機に日本の死生観やタブーに挑むこともできたはずだ。

91 小松左京『やぶれかぶれ青春記・大阪万博奮闘記』新潮文庫、2018年。もともと、小松や加藤、梅棹忠夫（昭-6）らは私的に万博研究を始めたが、それに目をつけた当局と合流していく。

92 『季刊　民族学』165号、2018年。

太陽の塔

地下空間に展示したのである。特に「いのり」という空間では、おびただしい数の仮面や神像が並べられた[93]。

このような異質な思想のぶつかり合いによって、1970年万博の理念や展示は練り上げられていった。2025年万博の「いのち輝く未来社会のデザイン」に同じだけの思想的強

93 この時に集められた民族資料は、万博記念公園内の国立民族学博物館に収蔵されている。古今東西の人々の「日常」を垣間見ることができる。

度はあるのだろうか。

もっとも2025年万博は一定の来場者を確保することはできるだろう。地元では万博に対する関心が強いことに加えて、海外からのインバウンド需要も期待できるからだ。

2019年には来阪外国人旅行者数が1230万人に達し、2024年以降はそれを超えることが見込まれている。ハノーファー万博と違って、大阪万博は観光の「ついで」に行くことができる。会場は人気のユニバーサル・スタジオ・ジャパンとも舟で結ばれるという。

だが最大の問題は、「万博後」に対する関心が、信じられないほど希薄なことだ。前回の大阪万博の印象が強すぎたのか、もしくはミラノ万博を反面教師にできなかったのか、2025年万博は、レガシーという面では非常に心許ない。このままでは、万博開始まで跡地利用の計画が定まっていなかったミラノを完全に踏襲してしまう。

太陽の塔の地下空間

現代の万博は来場者数だけが成功の指標ではない。この章で見てきたように、1990年代以降のメガイベントでは、短期的な入場者数ではなく、どのようなレガシーを残せるかのほうが重視される。高度成長の終わった現代社会では当然のことだろう。

だが1990年代以降の「万博の常識」を、大阪万博関係者はまるで知らないかのようだ。[94]会場中心には藤本壮介（昭46）による巨大木造建築「リング」が建設されるが、万博終了後は取り壊して、更地にする予定だという。

そもそも大阪で万博が開催されるのは1970年に続いて二度目である。前回のレガシーである吹田市の万博記念公園で再び万博を開くという可能性もあったはずなのだ。そのほうが整備費用は低く抑えられただろう。だが大阪にはそうもいかない理由があった。

「ミスター万博」が望まなかった陸の孤島

万博が開催されるのは大阪市の最西端に位置する人工島・夢洲だ。

390ヘクタールの面積を持つ広大な埋立地で、1977（昭52）年から整備が開始された。1980年代には咲洲・舞洲と共に「テクノポート大阪」なる計画が発表され、技術開発や情報通信の拠点である新都心が作られるはずだった。[95]

だがバブル崩壊によって、入居予定の企業が撤退した上、インターネットの普及によって「情報通信」計画自体が古臭くなってしまった。今さら巨大なパラボラアンテナとかいらないし。

1990年代に大阪市は起死回生を狙って、オリンピック誘致を本格化した。夢洲をメイ

94　とある日本維新の会の議員に「維新の人は本が読めないですからね」と嫌味を言ったら、黙って頷いていた。

95　松本創編『大阪・関西万博「失敗」の本質』ちくま新書、2024年。万博開催前の出版にもかかわらず「失敗」と言い切っている。

ン会場にして、数万人の居住を目指して選手村を整備する計画だった。人工島で開催される「初の海上五輪」を目指したというが、今では誰も思い出せないほど世論も盛り上がらなかった。[96]

そんな夢洲に再び転機が訪れたのは２００８年に橋下徹（はしもととおる）（昭44）が大阪府知事に選ばれてからだ。当時の橋下には湾岸エリアを「関西州」の州都にしたいという構想があり、大阪ワールドトレードセンタービルディングへの府庁舎移転が計画された。さらに湾岸部への再開発においてカジノ構想を提案する。

人工島　夢洲（2017年）

講演会では「こんな猥雑な街、いやらしい街はない。ここにカジノを持ってきてどんどんバクチ打ちを集めたらいい。風俗街やホテル街、全部引き受ける」というやんちゃな発言があったという。[97] こうして大阪は本格的にカジノを含めたＩＲ（統合型リゾート）誘致に乗り出すことになる。

一方の万博構想に関しては、「ミスター万博」である堺屋太一の存在が大きかった。１９７０年の大阪万博の立役者だった堺屋が再び暗躍したようなのだ。２０１３年に大阪市中央区北浜の寿司屋で橋下徹、松井一郎（まついいちろう）（昭39）に対して「もう一回、万博やろうよ」と提案したという。[98]

96　大阪が目指していたのは２００８年夏季大会。２００１年のＩＯＣ総会では、１０２票のうちわずか６票しか獲得できずに、立候補５都市中、最下位で落選した。結果的に北京で開催された。

97　「「大阪　風俗街引き受けます」橋下知事〝関西活性化〟で発言」『読売新聞』２００９年10月30日大阪朝刊。

98　松井一郎『政治家の喧嘩力』ＰＨＰ研究所、２０２３年。

堺屋に乗せられたのか、２０１４年には松井が大阪府知事として正式に万博招致を表明する。実は「ミスター万博」御大は、自らの栄光の舞台である１９７０年万博と同じ吹田市での開催を望んでいたという。万博跡地は万博記念公園として整備されていたが、公園が十分に活用されず、利用者の少ないことに不満を抱いていたのだ。

だがカジノとの相乗効果を狙い、夢洲での開催が既定路線になっていく。２０１８年には博覧会国際事務局総会で、正式に万博開催が決まった。

もしも「ミスター万博」に従って、万博記念公園での開催にしていれば、世論の反応も違ったかも知れない。当時の万博を再現した一画でもあれば、高齢者はもちろん、レトロフューチャー好きな若い世代にも人気を博しただろう。

成功したメガイベントの共通点

夢洲でのカジノを中核とした統合型リゾートは早ければ２０３０（昭105）年の開業を目指す。

だが外国人向けに大阪を再開発することには正当性があるとして、必ずしも万博を契機にする必要はなかったのではないか。ミラノの例を見てもわかるように、万博などなくても大阪への観光客は増え続けるだろう。[99]

近年のメガイベントでは、短期的な「インパクト」や、ただの「レガシー」だけではなく

99　ただしインバウンドへの過剰な期待は危うい。仮に１５００万人の旅行者が1週間ずつ滞在しても、定住人口に置き換えると30万人程度にしかならない。

「レバレッジ」が求められる。[100] 本当にその都市にとって必要なインフラや施設ならば、メガイベントなどなくても開発は進むからだ。

２０２４年にはパリでオリンピックが開催された。実はパリにとって悲願の開催で、何と30年以上にわたる計4度の招致活動が結実したものだ。[101]

これまでの招致活動では、オリンピックに合わせたパリの都市改造が提案されてきた。だが興味深いことに、オリンピックが開催されなくても、ベルシー公園や地下鉄14号線、国立図書館新館など重要な都市開発は実現してきた。[102] いくらオリンピックがレガシーを残せると言っても、改修工事が必要で、それ自体が無駄という意見もあり得る。

一方で、本章でも見てきた通り、メガイベントのレガシーは十分に活用されているとはいいがたい。

僕はこれまで20を超える万博跡地を訪れてきたが、きちんとレガシーを活用できている街はほとんどなかった。パビリオンが博物館、敷地がイベント会場として活用されているくらいで、巨額な投資に見合ったレガシーかは非常に怪しい。

数少ない成功例は、研究都市として整備された韓国の大田(テジョン)、再開発と密接に結びついていたポルトガルのリスボンやオーストラリアのブリスベン、権威主義国家として威信を見せつけたかったアスタナくらいだろうか。

だが共通点は、どれも特別博・認定博という小規模な万博だったことだ。小規模ゆえに比

100 Grix, J. et al. (2014). *Leveraging Legacies from Sports Mega-Events: Concepts and Cases*, London: Palgrave Macmillan UK.

101 パリは１９９２年、２００８年、２０１２年、そして２０２４年の開催と4度もオリンピックを招致してきた。オリンピックへの異様な執着は東京を思い出させる。

102 佐々木夏子『パリと五輪 空転するメガイベントの「レガシー」』以文社、２０２４年。

モントリオールカジノ

較的都市の中心部での開催が可能で、地元の需要と密接に結びついた開発が可能だった。

だが今度も大阪万博は、登録博という大規模万博だ。メガイベントには一定規模の土地が必要となるので、開発は必然的に都心から外れる。しかし都心に住む人は、よほどの理由がないと郊外には行かない。

みゃくみゃくと受け継がれる昭和の亡霊

大阪の夢洲に近い事例には、セビリア万博のカルトゥハ島や、モントリオール万博のノートルダム島がある。ノートルダム島には、遊園地やカジノ施設もあり、一定の賑わいを見せているが、ラスベガスやシンガポールのような派手さは一切ない[103]。

夢洲は決してアクセスのいい場所ではない。2025年には大阪メトロ中央線が夢洲まで延伸されるが、大阪駅からは約25分かかる。車でも中心部から約30分、渋滞時にはさらにかかるだろう。街中ならまだしも、「その先」がない人工島である。そんな辺鄙（へんぴ）な場所に人が集まり続ける様子はにわかには想像できない。

特に大阪府では2010年から人口減少が始まっている。887万人いた人口は、205

103　カジノへのアクセスは自動車に限られ、公共交通機関はバスのみとなる。路線番号は「777」。

0（昭125）年には700万人、2060（昭135）年には600万人を切ると予測されている[104]。人口が減っていく街に必要なのは、さらなるインフラ整備ではなく、削減と集約化のはずだ。

どちらにせよ1990年代以降の万博で、レガシーを意識せずに「聖なる一回性」などと寝言を言っている万博は存在しない。オリンピックでさえ2003（昭78）年からは憲章に「レガシー」という言葉が登場している。

果たして2025年の大阪万博は、万博ならではのレガシーを夢洲に残せるのだろうか。それとも「聖なる一回性」の万博で終わるのか。脈々と堺屋太一の思想だけが受け継がれていないか心配になる。ミャクミャクに昭和の亡霊が宿っていないことを祈る。

104　大阪府「大阪府人口ビジョン」2016年。

2章　それでも人類は宇宙を目指す

1903年、ライト兄弟の製造したフライヤー号が12秒間、36メートルの飛行に成功した。1909年にはルイ・ブレリオが英仏海峡の横断に成功、1927年にはチャールズ・リンドバーグが大西洋の無着陸横断飛行を実現させている。

1957年にはソ連が初の人工衛星スプートニク1号の打ち上げに成功、1961年にはユーリ・ガガーリンの乗ったボストーク1号が地球を一周、初の有人宇宙飛行を達成した。そして1969年、アメリカの打ち上げたアポロ11号が月に到達、ニール・アームストロングらが人類で初めて月面に足跡を残した。

人類は飛行機の発明からわずか66年で、月にまで到達したのである。

それくらい20世紀というのは、人類の置かれた環境が激変した時代だった。わずか66年で月ロケットを飛ばせるなら、21世紀には火星はもちろん太陽系を超えた銀河系時代が始まってもおかしくない。そんな熱狂が1960年代にはあった。

この章では、そんな科学や宇宙を巡る「昭和の熱狂」を振り返ってみよう。

1 砂漠で見つけた懐かしい未来

観光名物だった核実験

２０１３（昭88）年11月の終わりのことだ。

そこが街外れのせいか、明日が感謝祭のせいか、あたりはとても閑散としていた。終わりも始まりもわからないようなお祭り騒ぎが続くラスベガスも、中心地を一歩離れれば風景は一気に寂しくなってしまう。ここが砂漠に作られた街だということを否が応でも気づかされる。

タクシーの運転手に「国立核実験博物館まで」と告げたのだが「どこ？　聞いたことない」と返されてしまった。[105] 住所を頼りに辿り着いた場所は、３階建ての素っ気ないデザインのビル。そこに目的の博物館は入っていた。

核実験博物館は、ネバダ核実験場歴史財団によって２００５（昭80）年に設立され、２０１１（昭86）年にスミソニアン協会の付属施設として国立博物館に認定された。アメリカにわずか36しか存在しない国立博物館の一つである。

ラスベガス

105　ラスベガスでＵｂｅｒなどライドシェアが使えるようになったのは２０１５年９月からで、当時は運転手と会話をしながら目的地に向かう必要があった。現在、空港やホテルからはタクシー乗り場自体がほぼ消滅している。

展示室に入ると、まず「HIROSHIMA」「NAGASAKI」というキャプションと共に、原子爆弾投下の様子を映した白黒の映像が目に飛び込んでくる。日本に住む我々にとっても見慣れたあのキノコ雲だ。アメリカが原子爆弾を開発した経緯、そしてトリニティ実験を経て日本に原爆が投下されたことが説明される。

ただし被害の状況や犠牲者数には触れられていない。ただ、原爆によって日本は降伏し、戦争が終結したことが簡潔に書かれていた。

ここネバダ州で核実験が始まったのは戦後、1951（昭26）年のことだ。すでに州政府の軍用地であり、山に囲まれている上に、乾燥した砂漠地帯であるため、安全上も核実験に適した土地であると判断された。

戦後のアメリカによる核実験は、ほぼネバダ核実験場で実施されている。博物館に行って驚いたのは、かつて核実験はラスベガスの観光名物の一つだったことだ。

栄えあるミス・アトミックボム

カジノの街として開発されたラスベガスだが、戦後すぐは今ほどの娯楽施設が充実していなかった。そこで1950年代にはキノコ雲が貴重な観光資源の一つだったのだ。砂漠に現れた太陽よりも明るい火の玉は人気のアトラクションとなり、ラスベガスの繁栄に大いに貢献した。当時の人は放射線被曝（ひばく）の危険性にはあまり関心がなかったようだ。

さらにはビューティー・コンテストが開催され、栄えある「ミス・アトミックボム」が選出されたりした。キノコ雲形の王冠を頭に載せてはしゃいだり、キノコ雲形の水着を着て微笑んだりする女性の写真が博物館には展示されている。写真を等身大に加工したパネルが博物館の入口には置かれていて、一緒に記念撮影をすることもできた。

核はまた、ポップカルチャーや商業製品の題材にもされた。原子力の炎を吹く『アトミック・スーパーボーイ』という漫画、『アトミック・カクテル』という書籍だったり、「アトミック・ファイヤーボール」というキャンディなどが展示されている。

キノコ雲形の水着

決してふざけた博物館ではないのだが、原子爆弾や原子力の扱い方や距離の取り方が日本とはあまりにも違っていた。それを最も象徴するのがミュージアムショップだ。キノコ雲が大胆にプリントされたTシャツ、グラス、アトミック・コーヒーという名前のコーヒー豆、原子力発電所形の植物プランターなど核実験を題材にした商品が所狭しと並んでいるのだ。思わず僕もキノコ雲形フィギュアを買ってしまった。

広島や長崎出身者なら違う感情を抱くのか

アトミック・コーヒー

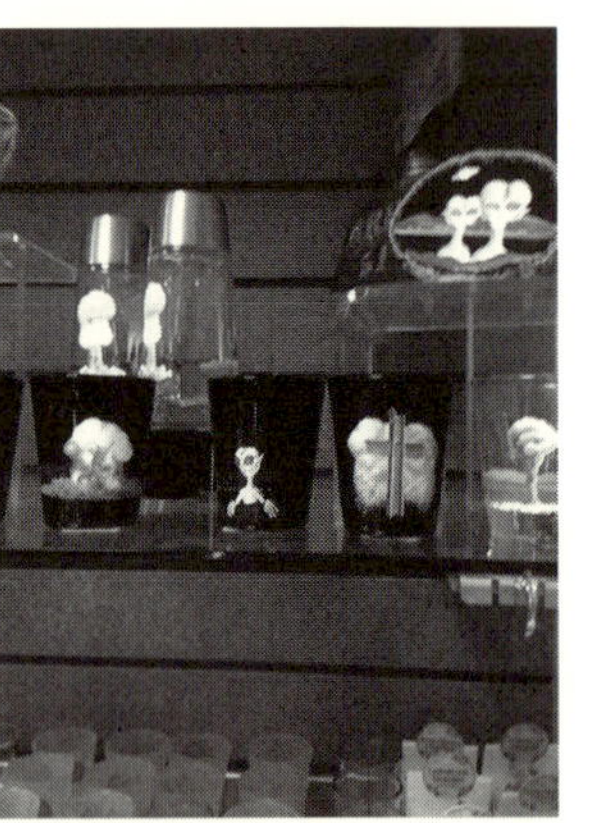
核実験を題材にした商品が並ぶ

も知れないが、僕が核実験博物館で感じたのは「懐かしさ」だった。

それはこの博物館にとっても同じらしい。現在、ネバダ州では臨界前核実験が実施されるのみで、大気圏内核実験なんて時代遅れなことは行われない。もうキノコ雲は見られないのだ。

この街でキノコ雲を見ることができた時期は、アメリカの黄金時代と重なる。１９５０年代から60年代にかけて、アメリカ国民の生活水準はどんどん向上し、経済的な豊かさを手に入れた。キノコ雲は古き良きアメリカの象徴であり、ある種のノスタルジーでもあるらしいのだ。

だけどなぜ最新の科学だったはずの原子力が、ひどく古臭く、そして懐かしいものに思えてしまったのだろう。考えてみれば、それは原子力に限らない。「科学」という言葉自体に、どこか哀愁を感じさせるような懐かしさがある。

博物館を出ると、もう夕刻が迫っていた。車がせわしなく行き交う幹線道路の先に、巨大なホテル群が見える。ホテルが発するきらびやかで下品な光は、なくしてしまった未来を隠すように、無理に現在ばかりを強調しているように思えた。

2 アポロという熱狂の時代

昭和35年時点で描いた未来

1960（昭35）年に科学技術庁監修によって刊行された『21世紀への階段』という本がある。[106] 当時一流の科学者たちが集まり、40年後にあたる21世紀を未来予測したのだ。その本は一貫して「科学技術」に対する賛美と信頼で満たされている。

ブリキではなくてビニール製のバケツ、ポケットサイズのトランジスターラジオ、テレビ、電気洗濯機、ペニシリン、農薬、そして人工衛星や原子力。10年前には思いも寄らなかったような新しい発明が社会には溢（あふ）れている。これはすべて「科学技術の偉大な力」のおかげである。科学技術庁の長官だった中曽根康弘（なかそねやすひろ）（昭-8）のそんなプロローグから本は始まる。

106　同書は科学技術庁監修『復刻版　21世紀への階段　40年後の日本の科学技術』（弘文堂、2013年）として復刊された。中曽根による「復刊の辞」を足しただけで本文は原本をそのまま複写しただけ。企画した人、偉い。

「科学技術の偉大な力」を標榜するだけあって、同書が描く21世紀はとても明るい。

電子頭脳が操作する原子力ロケットで簡単に宇宙旅行へ行くことができる。街には原子力を活用した人工太陽が光り輝き、夜を明るく照らす。企業は電子頭脳によって経営されるようになる。日本人の平均寿命は80歳を超え、結核や胃腸炎などの細菌病で命を落とす人は減る。モノレールが日本中を結び東京と大阪は1時間で移動できるようになる。電話番号は8桁に増え[107]、電話は個人がポケットに入れて持ち運べるようになる。

このうち長寿化や電話の小型化などいくつかの未来予測は実現したが、「電子頭脳が操作する原子力ロケット」など実現の目処が立っていないものも多い。福島第一原子力発電所の事故を経験した日本では、素朴に受け入れられそうもない未来予測も多い。

107　1960年代、電話番号の桁数は都市部では6桁、地方では5桁が多かった。1980年代には市外局番と電話番号を合わせて10桁が主流となっている。

科学が明るい未来を語れた頃

2013年の復刻版で、中曽根康弘は53年前の同書を振り返って次のように述べる。「当時、東京オリンピックの開催も決まった日本で、国民は一丸となって経済発展に邁進していた。そんな中で、科学技術によって実現するだろう近未来、つまり「国民共通の夢」を提示することが同書の目的だった」。

底抜けに明るい。これは中曽根のパーソナリティに起因する面もあるだろうが、科学が見せる未来に期待し、憧れ、浮かれていたのは何も彼だけではない。

1956（昭31）年には科学技術庁、1959（昭34）年には首相の諮問機関として科学技術会議が発足し、科学技術は経済成長を担う上で欠かせない要素と見なされた。

国全体の研究投資も急激に伸びた。1960年からの約10年間で大学の使用研究費は7倍、理化学研究所など研究機関の研究費は5倍にもなった。また民間企業では中央研究所の設立ラッシュが起こり、企業の研究投資も7倍近くまでになった。[108]

大規模な科学館もこの時期に建設されている。名古屋市科学館が1962（昭37）年、大阪科学技術館は1963（昭38）年、東京・丸の内の科学技術館は1964（昭39）年にそれぞれオープンした。未来学や情報革命論が流行り、研究者たちは科学が実現するだろう理想社会を構想した。

1963年には手塚治虫（てづかおさむ）（昭3）の『鉄腕アトム』がアニメ化され平均視聴率25%を超える人気を博した。原子力をエネルギー源とする主人公、その妹の名前はウランちゃんというのは現代から考えるとどうしてもシュールな気がしてしまう。

NHKが放送したアメリカ産のアニメ『宇宙家族』も人気だった。舞台は2062年。「宇宙車」用の歯車を製造するパパのいる一家が主人公だ。他にも『銀河少年隊』『宇宙Gメン』など宇宙を舞台にした作品が数多く放送されていた。[109]

1960年代は、国を挙げての科学技術振興の時代であったのだ。

108　廣重徹『科学の社会史』下巻、岩波現代文庫、2003年。

109　「〝宇宙づく〟テレビ（上）八月も二つの新番組　NHK『宇宙家族』は再放送」『朝日新聞』1963年8月26日東京夕刊。

高度成長のラストを飾ったビッグイベント

1960年代は、さまざまな耐久消費財が各家庭に普及した時期でもある。電気冷蔵庫の普及率は約1割から9割へ、電気洗濯機の普及率も約4割から9割になった。各家庭はさまざまなモノを手に入れることで、自分たちが豊かになったと実感していたのだろう。

内閣府の「国民生活に関する世論調査」は毎年「今後の生活の見通し」について聞いている。「今後の生活の見通し」を「よくなる」「同じようなもの」「悪くなる」から選ばせているのだが、調査を遡（さかのぼ）ることができる中で「よくなる」の数値が最も高く、「悪くなる」の数値が最も低かったのが1970（昭45）年だ。

今後の生活が「よくなる」と答えた人が37・4％、「同じようなもの」が41・7％、「悪くなる」はわずか5・9％しかいない。調査では「去年と比べた生活の向上感」も聞いているが、「向上している」と答えた人の割合は、やはり1970年が最も高い[110]。

1970年、この国の多くの人は将来を悲観していなかった。

何せその前年である1969（昭44）年、日本の経済成長率は、12・0％を記録していたのだ。1968（昭43）年に日本はGNPで西ドイツを抜き、世界第2位の経済大国になっていた。1965（昭40）年から1970年まで続いた好景気は、いざなぎ景気と呼ばれる。

国際的には『沈黙の春』や『人口爆弾』が話題になり、人類の無限の成長に疑義が呈され、環境問題が意識され始めた時期でもあった。また国内でも公害病が話題になり高度成長

110　ちなみに2023年の調査では、今後の生活が「良くなっていく」と考えているのはわずか7・1％、「悪くなっていく」は30・7％にまで上昇している。

に対する負の側面も注目されていた。

それでも１９７０年に開催された大阪万博に象徴されるように、日本社会は祝祭と熱狂の中にいたと言っていいだろう。万博のテーマは「人類の進歩と調和」であった。[二二]だが経済成長率は１９７０年代に入った途端に鈍化、１９７１（昭46）年以降は、「今後の生活の見通し」が「悪くなっていく」と答える人が増え、「良くなっていく」と答える人は減ってしまう。特に１９７３（昭48）年にオイルショックが起こって高度成長には完全に終止符が打たれた。

その意味でも、１９６９年はまさに日本の高度成長のピークでもあった。その高度成長のクライマックスにふさわしいイベントが7月21日に起こった。それは、日本国内でもなく、地球上でもなく、月面で起こった。

かつての敵国、月面到着を大祝福

日本時間１９６９年7月21日、サターンV型ロケットで打ち上げられたアポロ11号が月面着陸に成功、人類は史上初めて月に足跡を残したのだ。

アメリカ航空宇宙局（ＮＡＳＡ）のアメリカ人宇宙飛行士によって実施された計画だが、日本中が固唾（かたず）を呑んでその瞬間を見届けた。

１９６９年までには白黒テレビの普及率は94・7％で、カラーテレビも13・9％の家庭に

二二　万博には当初想定を超える６４２１万人が訪れ、会期後半は異常な混雑に襲われた。当時のメディアは「人類の辛抱と長蛇」と揶揄したという（橋爪紳也『大阪万博の戦後史　ＥＸＰＯ'70から２０２５年万博へ』創元社、２０２０年）。

行き渡っていた。首都圏では、東京12チャンネルを含むほぼすべての局が、アームストロング船長（昭5）たちの月面着陸の様子を生放送で伝えた。[112]その日、都心では交通量が減り、国会さえも参議院本会議が延期されたという。[113]

当時NHKが行った調査によると、アポロ11号が月面着陸に成功したという情報は、午前6時の段階で40％、午前8時で60％、正午までには90％の人に伝わったという。また、7月21日昼の月面からのテレビ同時中継は15歳から69歳の都民68・3％に視聴された。[114]

少し前まで世界中で戦争をしていた人類は、わずか30年足らずで月にまで行くことができた。敵国だったはずのアメリカのアポロ計画を、この国の人々はまるで自分のことのように喜んだ。『朝日新聞』は1969年の1年間だけで「アポロ」に関する記事を833件、『読売新聞』も789件掲載している。

変わり身上手な大人たちが夢見た宇宙

あの当時の熱狂をもっと知りたくて、講談社の地下書庫を探索してみた。戦前、講談社は「私設文部省」と呼ばれるくらい子どもや青少年に対して強い影響力を持っている出版社だった。[115]

黴（かび）臭い書庫には膨大な量の雑誌が眠っていた。その中から見つけたのは、1914（昭-12）年に創刊された『少年倶楽部』（戦後、『少年クラブ』に改名）という雑誌だ。当初は2万

112　NHK教育テレビだけは、独自路線を歩んでいた。アームストロングが月面に降り立った午前11時56分頃の番組は「理科教室小学校6年生」。その日のテーマは「消化」だった。

113　「日本の表情　テレビに食入る目・目　都心の交通量は半減」『朝日新聞』1969年7月21日東京夕刊。

114　鈴木泰「アポロ11号をめぐるコミュニケーション状況　東京都23区機動調査の結果から」『文研月報』1969年9月号。

115　佐藤卓己『テレビ的教養　一億総博知化への系譜』NTT出版、2008年。

部程度の発行部数だったが1929（昭4）年までには部数を50万部まで伸ばし、1936（昭11）年新年号では75万部というセールスを記録した[116]。

1945（昭20）年3月・4月合併号では「戦はんかな、いざ。神国大日本かならず勝つ」「神国大日本の少年たるみなさんこそは、皇国戦力の源です」と少年たちの戦意を高揚させ、7月号ではついに「敵陣をふっとばす手榴弾」と銘打って手榴弾の投げ方マニュアルまでを掲載し出した。「手榴弾でいちばんだいじなことは、遠くまで投げることと、正しく命中させることだ。四五百グラムの石や砂袋でも、りっぱに練習はできる」と具体性に欠けたアドバイスが書かれている。

しかし日本は敗戦、8月20日に印刷納本された8月・9月合併号では「仰げ日の丸　新日本の門出だ」と表紙に掲げ、「諸君、聖断はくだったのである」「新しい日本をきづき、世界平和のためにつくさうではないか」とすっかり開き直っている。当時の大人たちの変わり身の早さは驚異的である。

その『少年クラブ』は1950（昭25）年から宇宙に関する特集を載せ始めた。新年特大号では巻頭のほうに小松崎茂（こまつざきしげる）（昭-11）による「科学の夢　月世界旅行」という空想科学イラストが掲載されている。

ジェット機のような宇宙船が地球を飛び立ち、キャプションには「人間が長いあいだ夢みていた月世界への旅行は原子力が発見されてから、けっして、夢ではなくなってきた」「月

116　杉山亮選・解説『のどかで懐かしい『少年倶楽部』の笑い話』講談社、2004年。

『少年クラブ』1950年新年特大号「科学の夢　月世界旅行」

世界へ飛びたつ日が、ここ数十年の後にせまっている」と記されている。

その後も『少年クラブ』は定期的に小松崎らの絵によって「月世界到着」など、空想科学のバリエーションの一つとして宇宙を描いていた。

しかし１９５７（昭32）年10月4日、大きな事件が起こる。ソ連によって初の人工衛星スプートニク1号の打ち上げが成功したのだ。空想だったはずの宇宙開発が現実のものになってしまったのである。

１９５８（昭33）年の新年号では「宇宙時代きたる」として、人類がすっかり「月世界」に進出した様子が描かれている。

「日本の科学陣がみごと月に着き、基地を作りはじめたところ」らしい。月の上空には宇宙ステーションが浮かび、ヘリコプターのような「宇宙スクーター」が月面を散策している。さらに「強化ガラス」で作られた巨大なドーム状の「月世界基地」が鎮座する。8年前には探検に行く場所だった月が、植民の対象として描かれているのが興味深い。

特集は「こんなすばらしいことが、やがてみなさんの手でできるのです」と未来への希望に満ちた言葉で締めくくられていたが、その未来が訪れる前に『少年クラブ』自体が１９６

2年に廃刊となってしまった。『少年クラブ』に代わるかたちで子どもたちの心をつかんだのは『週刊少年マガジン』だ。

月面上の『少年マガジン』

1959年に創刊された『少年マガジン』は、小学館の『少年サンデー』や集英社の『少年ジャンプ』と共に、マンガ雑誌ブームを巻き起こした。

1965年に『少年マガジン』編集長となった内田勝（うちだまさる）（昭10）は、「週刊誌は子どもたちの映像文化を育てる上で、学校、家庭につぐ第三の教育機関」と強気な発言を残している。[117]

1960年代後半には「手にはジャーナル、心にマガジン」[118]と言われたように、同誌は子どものみならず学生世代も受容する文化になっていった。東京大学の駒場生協でも『少年マガジン』と『少年サンデー』はすぐに売り切れ、こうした雑誌は全共闘の学生たちにも大きな影響を与えたと言われている。[119]

『少年マガジン』も定期的に読み物ページで宇宙を取り上げていたが、その中でも1969年の熱狂ぶりはすごかった。特にアポロ11号が月面着陸を果たした7月前後は毎号のようにアポロについての大特集を組んでいる。

7月20日号では「人類5000年のゆめ〝月世界着陸〟の日せまる！」と題して、まるで見てきたかのように月面探査の様子が細かく描かれている。「アポロ計画のすばらしい技術

117 「本と雑誌　花ざかりの少年週刊誌」『朝日新聞』1966年4月3日東京朝刊。

118 『少年マガジン』1969年9月7日号に「早稲田大学生の流行語」として「手にはジャーナル、心にマガジン」という言葉が載せられている。「ジャーナル」とは『朝日ジャーナル』のこと。

119 小熊英二『1968【上】若者たちの叛乱とその背景』新曜社、2009年。

は、必ずや成功させるだろう」と自分事のようにアポロ計画を誇っているのだ。

まだ写真が手に入っていない8月3日号では「月への身じたく」という特集で、苦し紛れに宇宙服の解説を行っている。8月10日号では「知られざる月探検100年史」がカラー大特集。これまでのSF作品が月旅行をどのように描いてきたのかを虚実織り交ぜながら振り返っている。情報のタイムラグの大きかった時代、雑誌には想像力と妄想力が必要とされたのだ。

ようやく写真が手に入った9月7日号は、巻頭グラビアに月面の探査が大胆に使用された。さらに火星の写真を掲載し「アメリカ航空宇宙局は、1982年8月9日、火星に人間が着陸できるだろうと発表している」と説明されている。そうだったのか。

この夏、『少年マガジン』は乗りに乗っていた。発行部数は100万部を超え、毎号のように表紙でそれをアピールしていた。9月14日号では月面に宇宙飛行士が立つ写真に『少年マガジン』の写真をコラージュして「宇宙人がわすれたな」という台詞を添える浮かれようだ。

おそらくアポロ11号も部数の躍進に一役買ったのだろう。

漫画家の浦沢直樹（昭35）は自身の作品の中で繰り返しアポロ計画のことを登場させている。未完の大作『20世紀少年』[120]では、登場人物の一人ドンキー（昭34?-）がテレビでアポロの月面着陸の様子を見て、大きく感激する様子が描かれている。[121]当時の少年たちがいかにアポロ計画に熱中したかは想像するに容易い。

120　え?　あれで本当に完結なんですか?
121　浦沢直樹「月に立つ旗」『20世紀少年』第1集、小学館、2000年。

しかし『少年マガジン』はその後、急速にアポロから興味をなくしていく。『少年マガジン』だけではなかった。世界中が、アポロ熱から冷めていった。

宇宙よりもアグネス・チャン

1969年11月19日に月面に到着したアポロ12号に対する報道は、11号の時に比べればささやかなものだった。人類というものは、とにかく「初めて」や「一番乗り」にしか興味がないものらしい。20号まで予定されていたアポロ計画は1972（昭47）年12月7日、17号をもって打ち切られてしまった。

『少年マガジン』も宇宙自体から関心を失い、グラビアページはもっぱらアグネス・チャン（昭30）といったアイドルたちに奪われていった。

1973年6月3日号では「アメリカより極秘資料入手　これがスペースシャトル計画だ！」という7ページの企画が組まれているが、アポロ時代のような熱はもう感じられない。そもそもそこで説明されるスペースシャトルのコンセプトが現実的なのだ。

使い捨てロケットは膨大な打ち上げ費用がかかり、もはやアメリカ国民の信任を得られない。しかし繰り返し使えるスペースシャトルならコストも安く抑えられる。「宇宙開発は、これまでの探検時代から実用時代に入ることになる」というのだ。冒険心のかけらもない紹介である。

スペースシャトルは1981（昭56）年に打ち上げられることになったが、もはやそれがアポロのような熱狂を巻き起こすことはなかった。そしてアポロ計画自体、次第に過去の出来事になっていった。

事実、アポロ計画以来、たった一人の人類も月面へは向かっていない[122]。

音楽グループ・ポルノグラフィティは1999（昭74）年に発売したメジャーデビュー曲「アポロ」で、次のように歌う。

僕らの生まれてくるずっとずっと前にはもう
アポロ11号は月に行ったっていうのに[123]

作詞をしたメンバーの新藤晴一（しんどうはるいち）（昭49）の年齢を考えれば、アポロ計画は「僕らの生まれてくるずっとずっと前」とは言えない。「ずっとずっと前」どころか「わずか5年前」である。だがそれくらい「アポロ11号」が「月に行った」ことは、「ずっとずっと前」の出来事として認識されるようになったのだろう。

アポロ時代はすぐに色褪せ、すっかり過去のものになった。

122　アメリカによるアルテミス計画では、2025年後半に有人宇宙船による月面周回、2026年後半に有人月面着陸が予定されている。

123　ポルノグラフィティ「アポロ」1999年。

3　いつも20年先にある未来

まだ憧れだった宇宙

１９９０年代初頭、まだ小学生だった僕は、宇宙開発の歴史を綴った図鑑を読むのが好きだった。

ソ連のスプートニク計画、ユーリ・ガガーリン（昭9）による初の有人宇宙飛行、アメリカが成功させたアポロ計画。同時に米ソは、ベネラ、パイオニアやボイジャーといった無人探査機を次々に打ち上げ、望遠鏡で眺めるだけだった太陽系内の惑星の姿が次々に明らかにされていった[124]。さらに当時は日本人宇宙飛行士が続々とスペースシャトルへ乗り込んでいた頃で、宇宙が日本で再び注目されつつあった。

子ども向けの図鑑では、そういった人類の華々しい歴史が記されていた。そして図鑑には決まって未来予想が載っていた。21世紀には誰もが宇宙に行ける時代になるだろう。21世紀初頭には人類は有人火星飛行を成功させるだろう、と。まだ子どもだった僕は、そんな未来を素朴に信じていた。

そして訪れた21世紀。それも新世紀から数えて四半世紀が過ぎようとしている。スペースXやヴァージン・ギャラクティックといった民間の宇宙旅行企業が登場し始めているが、ま

124　ボイジャー1号は２０１２年に太陽圏を脱出し、人類が製造した物体として初めて、星間空間に到達した。ボイジャーのミッションは現在も続いている。

だまだ決して宇宙が身近になったとは言えない。

現代の小学生たちはどんな風に宇宙のことを学んでいるのだろうと思い、最新の小学生向けの図鑑を読んでみたらびっくりした。[125] なんと、そこで描かれる「宇宙」が僕の子どもだった30年前とあまり変わっていなかったのだ。

もちろんＤＶＤが付録でついていたり、ＣＧが多用されていたり、図鑑としての技術は格段に進んでいる。日本のイプシロンやスペースXなどの情報もフォローされている。

だが注目すべきは「未来の宇宙開発」というページだ。

小学館の図鑑『ＮＥＯ』によれば、「現在のスペースシャトルを進化させた」スペースプレーン、「宇宙の植民地といえる、巨大宇宙ステーション」であるスペースコロニー、「鉱物やエネルギー資源などがたくさんあ」る月面都市が計画されている。「月には、たくさんの都市が建設され、多くの人がくらす」らしい。へえ！

図鑑は「近い将来、だれでも宇宙に行けるようになり、いろいろな惑星に人が住むようになるかもしれません」とも言う。最新の図鑑を読んでいるはずが、どんどん懐かしい気分になってくる。

講談社の動く図鑑『ＭＯＶＥ』にも「未来の宇宙開発」特集があった。[126]「いまもっとも注目を集めているのが火星への有人探査計画」だとして「２０２８年までに火星に基地をつくろうという考え」もあると紹介する。もうすぐ２０２８（昭103）年だが大丈夫だろうか。

125 『小学館の図鑑ＮＥＯ［新版］宇宙』小学館、２０１８年。

126 『講談社の動く図鑑ＭＯＶＥ　宇宙［新訂版］』講談社、２０１９年。

また人口が増えすぎたり、環境の悪化によって地球に住めなくなった場合の解決策として「宇宙への移住が考えられている」という。図鑑では、人類が月に移住した時の想像図が紹介されている。その時、地球がどうなっているかわからないが、まるで工事現場のようなストイックな基地が描かれていて、とても快適に居住できるとは思えない。

小学館や講談社の最新図鑑が提示する「未来」は、60年前の『少年クラブ』や、30年前の図鑑とそっくりだ。あの頃のまま、未来は止まってしまったのだろうか。

宇宙、この懐かしいもの

図鑑だけではない。日本各地には懐かしい宇宙を見学できるスポットがたくさんある。宇宙博物館だ。

1980年代から90年代にかけてさまざまな宇宙をテーマにした科学館がオープンした。1984（昭59）年には横浜こども科学館（現はまぎんこども宇宙科学館）、1986（昭61）年にはつくばエキスポセンター、1990（昭65）年には宇宙をテーマにした福岡の遊園地スペースワールド、1998（昭73）年に余市宇宙記念館、1999年には佐賀県立宇宙科学館などがそれぞれ開館している。[127]

はるばる飛行機、列車、バスを乗り継いで北海道の余市宇宙記念館まで行ってみたことがある。宇宙飛行士の毛利衛（昭23）の生まれ故郷である余市町に開館した記念館だ。現在

127　1990年代には他にも建設が予定されていた幻の箱物施設がいくつかあった。東京都は多摩地区に「東京都宇宙科学館（仮称）」を構想していたが、バブル崩壊に伴い予算は凍結された。群馬県高崎市も火星をテーマにした遊園地「高崎アストロパーク」を1995年にオープンさせるつもりでいたが、地域住民の反対と資金調達の目処が立たずに頓挫している。

余市宇宙記念館

記念撮影用の宇宙飛行士パネル

は、毛利が自ら名誉館長を務めている。

総事業費は28億円。その約7割は、旧自治省のふるさと事業に使われる「地域総合整備事業債」でまかない、道の補助金が2億円[128]、町費から5億6000万円を捻出し、第三セクターが運営する日本型ハコモノ建築だ。

年間30万人の入館者を見込んだが、開館初年度の入館者は15万人、2001（昭76）年度

128 道路の補助金ではなく、北海道からの補助金という意味。ってわかりますよね。

以降は10万人を切り、2007（昭82）年度には4万5000人にまで落ち込む。宇宙食の歴史や製造方法を紹介する「宇宙食館」コーナーをオープンさせたり立て直しを図るも、2008（昭83）年には休館が決まってしまう[129]。

しかし住民の要望もあり、体験施設を廃止したり、規模を縮小し、映像や展示物を中心とした博物館として2010（昭85）年に再開した。ただし秋から春までの冬期は休業する。

この前情報だけでだいぶ香ばしいが、余市宇宙記念館は想像通り、懐かしい宇宙を存分に体験できる空間だった。小樽から乗った路線バスを降りると、張りぼてと呼ぶのにふさわしいスペースシャトルと、記念撮影用の宇宙飛行士パネルが迎えてくれた[130]。

毛利飛行士の業績をたたえる施設だけあって、まず彼の訓練服や手形プレートだけではなく、スペースシャトル内で実際に使用された歯ブラシ、歯磨き粉、リップクリーム、シャンプー、ボディーシャンプー（アルミパック入り）などが展示されている。熱狂的な毛利ファンには垂涎（すいぜん）の場所なのだろう。

もちろん「ふわっと'92」についても熱心に説明されている。「ふわっと'92」とは、毛利飛行士がシャトル内で行った実験だ。とにかく「ふわっと'92」というやたら平成時代っぽいネーミングだけが印象に残った。

さらに何の変哲もない硬いイスに座ると、計器らしきものが印刷されたパネルが見えるだけの「宇宙船コクピット搭乗体験」、シャトル打ち上げの映像を、シャトルの狭さだけを再

129 「さよなら余市宇宙記念館　入館見込み甘く、赤字拡大　きょうから休館」『朝日新聞』2008年12月19日北海道朝刊。

130 僕が訪れた2014年時点の情報だが、現在まで展示に大きな変更はないようだ。

宇宙船コクピット搭乗体験

現したような小部屋で鑑賞することができる「スペースシャトル打ち上げ体験」などアトラクションは盛りだくさんだ。

地元の子どもたちが自由な発想で作った（縮尺を無視した）太陽系の模型や、『ＵＦＯはこうして製造されている！』や『月のＵＦＯとファティマ第3の秘密』といった宇宙関連本が豊富に揃えられた図書コーナーなどもあり、軽く30分程度の時間をつぶすことができる。

博物館という場所はハコモノだけあって、建設当時の技術や情報に拘束される。毛利飛行士が宇宙へ行ったのはもう30年以上前のことだ。ちょうど僕が宇宙に関する図鑑を夢中で読んでいた時期とも重なる。彼を主軸に据えた博物館が懐かしいのは何ら不思議ではない。

種子島に残されたＨＯＰＥ

世界一美しいロケット発射場といわれる種子島宇宙センターにも宇宙科学技術館が併設されている。１９７９（昭54）年に建設された宇宙開発展示館を増築し、展示内容を一新するかたちで1997（昭72）年にオープンした。総事業費は7億6000万円だった。[131]

種子島はH-2Aロケットなどの打ち上げに使われる現役の宇宙基地である。

博物館は2017（昭92）年にリニューアルされたのだが、僕はその前の2013年夏に訪問している。そのため懐かしい宇宙を色濃く残す展示を堪能できた。

入ってすぐ目に入ったのは「2001年の打ち上げをめざし宇宙往還技術試験機HOPE-Xの開発が進んでいる」というパネルだった。

しかしなぜかパネルを隠すように「宇宙から帰ってきたロケットのかけら」という説明と共に、H-2Aロケット11号機の先端カバー（フェアリング）が置かれている。[132] 宇宙から落ちてきただけあってボロボロだ。

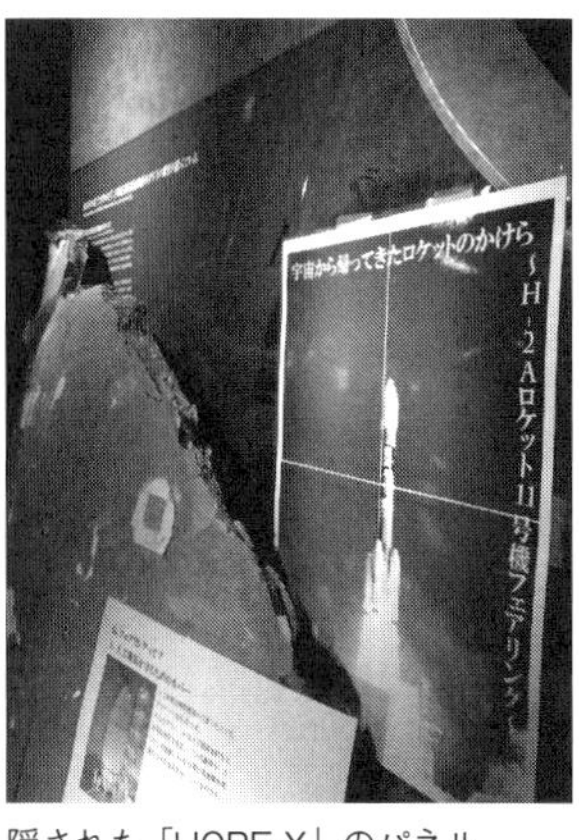

隠された「HOPE-X」のパネル

一体どうして「宇宙往還技術試験機HOPE-X」のパネルが隠されているのか。そもそも「HOPE-X」とは何か？

実は日本が独自にスペースシャトルを作ろうとしていた時代があったのだ。宇宙ステーションに物資を輸送することなどを目的とした無人シャトルである。

しかし1990年代後半に日本の宇宙開発は停

131 「宇宙科学館が鹿児島・種子島に完成」『朝日新聞』1997年3月26日西部朝刊。

132 フェアリングとは人工衛星を守るカバーのこと。ロケットが打ち上げられ、大気圏を突破した後にフェアリングは切り離され海に落下する。宇宙科学技術館に展示されていたのはそこで回収されたもの。

滞、相次ぐロケット打ち上げ失敗や資金難などにより、HOPE計画は頓挫してしまう。結局、試験機HOPE-Xも2001年に打ち上げられることはなかった。

パネルを全面改修する予算がなかったのだろう。HOPE-Xのパネルを隠すために回収したフェアリングを展示しているというわけだ。深い意図はないのだろうが、HOPE（希望）がボロボロのカバーに隠されているという構図が胸を打つ。

博物館が保存する「あのころの夢」

他は、日本のロケットのあゆみが解説されていたり、世界のロケットの縮小模型が展示されていたり、いかにも学習施設といった内容。「ロケット設計ゲーム」や「毛利飛行士の宇宙授業」というクイズゲームなどもあるが、1990年代後半のCG技術で作られた画面が哀愁を誘う。

最新情報に対応するため、館内の展示には細かな工夫が施されていた。たとえば「宇宙と地球をゆききする多目的な宇宙往還機」スペースシャトルの説明パネルの最後には「2011年7月の打ち上げを最後にスペースシャトル計画は終了しました」というテープが貼られている。[133]

日本初の月探査ミッションとして計画されていたLUNAR-Aの説明パネルも、きちんと最新の事情に対応していた。

133　スペースシャトルがいかに無理のあるプロジェクトだったかは松浦晋也『増補　スペースシャトルの落日』（ちくま文庫、2010年）に詳しい。一例をあげれば、宇宙へ物体を打ち上げるには非常に高いコストがかかるのに、帰還時の最後にしか使わない翼を持ったスペースシャトルの形態にこだわったことに問題があったというのだ。

２本の槍型の観測装置を月面に打ち込み、月の内部構造を探る計画で、２００４（昭79）年度の打ち上げを目指していると書いてある。しかしパネルの最後に「現在、計画見直し中」と小さなテープ。計画は２００７年度に中止されてしまったのだ。

宇宙科学技術館へ来て、なぜ科学や宇宙が懐かしく感じてしまうのかが少しわかった気がした。それは宇宙開発のスピードがきわめて緩やかになってしまっているからだ。むしろ退歩していると言ってもいい。

科学技術は日々進歩し、今日よりも明日の生活が豊かになる。もはやそんな風に素朴には言えないことを体現するのがここ種子島の宇宙科学技術館だ。１９９７年からの間だけでも、アメリカではスペースシャトルが退役し、日本でもいくつかの宇宙計画が頓挫してしまった。それを他の展示やテープなどで必死にごまかそうとする。

改装が容易ではない博物館は、図らずも宇宙開発の過去を見せつけてくれるのだ。余市宇宙記念館にしても、宇宙科学技術館にしても、１９９０年代の図鑑に描かれていたような宇宙開発観が反映された施設になっている。

そもそもアポロ計画など、宇宙開発のハイライトの多くは過去に属することだ。その意味で僕が訪れた二つの博物館は、宇宙をテーマにした20世紀記念館、つまり過去を振り返る施設であった[134]。宇宙科学技術館は、２０１７年にリニューアルができて何よりである。

134　鹿児島と種子島を結ぶ高速艇の発着港「ようこそロマン島種子島へ！」と書かれたロケット型のモニュメントも、全体的にさびて、老朽化が進んでいた。

２０１４年、人類は火星へ旅立つ

ＮＨＫが１９９２（昭67）年8月から１９９３（昭68）年2月にかけて放送した「ザ・スペースエイジ　宇宙への挑戦」というシリーズ番組がある。[135]

その第1回は「２０１４年火星へのはるかな旅」。２０１４（昭89）年2月1日、原子力エンジンが搭載されたロケットが地球軌道を離れ、7月1日に人類が火星に着く様子がシミュレーションされていた。

２０１４年2月1日、もう10年以上前のことだ。

なぜ30年前のＮＨＫは、２０１４年に人類が火星に行くだなんて荒唐無稽なことを言えていたのだろうか。しかも具体的に日付まで指定している。１９９２年、天下のＮＨＫはバブル気分が抜けていなかったのだろうか。

実はこの番組はＮＨＫの妄想によって作られたものではない。２０１４年に人類が火星に行くというのは、アメリカが言い出したことだったのだ。[136]

１９８９（昭64）年7月20日、アポロ11号による月面着陸20周年記念式典で、ジョージ・ブッシュ大統領（昭-2）は有人火星探査計画を宣言した。来るべき１９９０年代は宇宙ステーション計画を進め、そして21世紀には人類を火星に送り込むというのだ。[137]

この構想は宇宙開発イニシアティブ（ＳＥＩ）[138]と呼ばれ、その後アメリカ国家宇宙評議会（ＮＳＣ）やＮＡＳＡによっていくつかの報告書が発表された。[139]ＮＨＫが依拠したのはジョン

135　番組の内容をもとにしたＮＨＫ取材班『ザ・スペースエイジ』（日本放送出版協会、１９９２年〜１９９３年）が全6巻で書籍化されている。本稿の内容は同書を基にした。

136　さらに番組では、大林組の宇宙開発プロジェクト部が構想した火星居住計画「マース・ハビテーション１」を紹介する。２０５７年に照準を合わせ、水や食料、空気やエネルギーなどを火星で自給自足し、火星に街を作ろうというプロジェクトである。「宇宙開発プロジェクト部」という名前からしてバブルのにおいを感じる。

137　Bush, George. "Remarks on the 20th Anniversary of the Apollo 11 Moon Landing"（１９８９年7月20日）

138　Ｓｐａｃｅ　Ｅｘｐｌｏｒａｔｉｏｎ　Initiative（率先した宇宙開発構想）の略。

139　有名なものとしてはＮＡＳＡが１９８９年11月に発表した「Report of the 90-Day Study on Human Exploration of the Moon and Mars」がある。5つのアプローチが想定されていて、最短で人類は２０↙

ソン宇宙センターの探査計画案だ。
ＳＥＩ構想の実現には５０００億ドルの予算、20年から30年にわたる期間が必要だと試算された。しかしホワイトハウスや議会はこの途方もない計画に難色を示す。ブッシュ大統領は国際パートナーを探そうとするが頓挫。[140]
１９９２年にＮＡＳＡ長官にダニエル・ゴールディン（昭15）が就任してからは、「より早く、よりよく、より安く」がＮＡＳＡの方針になり、１９９６（昭71）年にＳＥＩ構想は正式に中止が決まった。

本気の「10年」・逃げの「20年」

もっとも２００１年にそのゴールディン長官もアメリカの有人宇宙飛行40周年を記念するシンポジウムに出席、「遅くとも20年以内には火星に人類が立つだろう」という構想を明らかにしていた。[141] とうに「20年」は過ぎてしまった。
また２０１０年、ケネディ宇宙センターを訪れたバラク・オバマ大統領（昭36）も２０３０年代までに、人類を火星周回軌道に送る計画を明らかにした。[142]
さらに２０１５（昭90）年、ＮＡＳＡは「火星への旅」という文章を発表、具体的な火星有人探査プランを示した。[143] 人類はこれまでにないほど火星への有人飛行に近付いていて、さまざまな困難を克服することが可能だという、野心的な36ページフルカラーのドキュメント

１１年、遅くとも２０１８年までに火星に到達できることになっていた。

140 Dick, Steve. "Summary of Space Exploration Initiative"

141 「『20年以内には人類は火星へ』ＮＡＳＡ長官語る」『朝日新聞』夕刊、２００１年５月９日。

142 「火星へ人、30年代に オバマ米大統領、新宇宙政策」『朝日新聞』２０１０年４月16日夕刊。

143 NASA「NASA's Journey to Mars: Pioneering Next Steps in Space Exploration」（２０１５年10月８日）

だ。ただしその期間については「20年（two decades）」と、ここでも「20年」という数字が使われている。

ＳＥＩ構想や「火星への旅」、ゴールディン長官とオバマ大統領の演説。どれも約20年後に人類が火星へ行くと宣言している。しかし繰り返しその「20年後」は先延ばしされてきた。20年というのは絶妙な数字だ。絵空事と思ってしまうほど遠い先ではないが、明日から動き出すべき直近の未来でもない。しかも重要役職に就いている人は、まず20年後に自分はその席にはいない。

要するに、ぎりぎり嘘っぽくはなく、責任を取らなくてもいい未来を表す数字が「20年後」なのだ。

ジョン・Ｆ・ケネディ大統領（昭-9）は１９６１（昭36）年5月25日に行った演説で１９６０年代中に人類を月へ送り込むと宣言した[144]。

結果的に彼はアポロの月面着陸を見ることは叶わなかったが、「60年代中」というのはずいぶん現実的な数字だ。もしこれが「20年後」、もしくは「１９７０年代中」という表現だったらアポロ計画は実現していなかったかも知れない。本気の「10年」、逃げの「20年」というわけである。

ブッシュ大統領は１９８９年7月20日の演説でこうも語っていた。

「アポロ飛行士のように、コロンブスのように、私たちはまだ見たことがないはるかな水平

144 Kennedy. J. F. "Excerpt from "Urgent National Needs" Speech to a Joint Session of Congress"（１９６１年5月25日）

線に夢をはせてきた。なぜ月か？　なぜ火星か？　それは、不可能なものを追い求める、ここにないものを捜し出す、夢を実現するというのが人類の宿命だからだ。そして、その先陣を切るのがアメリカ国民の運命である」

しかし人類の宿命と、アメリカ国民の運命だったはずの火星探査計画は、予算と期間という現実的な理由の前に頓挫し、未だ実現できていない。

宇宙開発の未来が「20年後」という数字と共に語られる限り、その「20年後」はきっと訪れはしないのだろう。

宇宙大統領トランプの誕生

アメリカの「20年」戦略に変化の兆しが見えた。そこにはあのお騒がせ大統領ドナルド・トランプ（昭21）が関わっている。

２０１７年、トランプ大統領はホワイトハウスで宇宙政策指令1に署名、人類を再び月に送り込み、さらに有人火星探査を目指すことを宣言した。

これを受けて２０１９（昭94）年、ＮＡＳＡはアルテミス計画を開始する。連邦議会の公聴会で、ジム・ブライデンスタイン長官（昭50）は、２０２４（昭99）年に有人月面着陸を成功させた後、火星への有人着陸探査を２０３３（昭108）年には実現させたいと明言した。

２０１９年から数えて14年後である。ケネディ大統領ほど野心的な宣言ではないが、オバマ大統領ほど慎重でもない。

実は2019年はアポロによる月面着陸から50周年に当たる年でもあった。トランプ大統領はホワイトハウスにアポロ11号の乗員を招待した際にも、火星への有人探査に対して意欲を示した。

2020（昭95）年、トランプ大統領が選挙で敗北、ブライデンスタイン長官もNASAを退任することになった。ただし続くバイデン政権は、アルテミス計画を承認、新型コロナウイルスの流行による計画の遅れはあるものの、有人の月探査計画は進行中だ。

現在の予定では、2026（昭101）年にアルテミス3号が月面着陸ミッションに挑むことになっている。ほぼ間違いなく、月に降り立つクルーのうち一人は女性になるだろう。[145]絶対に順調に進むわけがないと思うが、初期のミッションが成功した場合、アルテミスは年に一度のペースで月面に人を運び、月面基地と、月周回軌道上に宇宙ステーションを設置するという。宇宙飛行士が月や月軌道に長期滞在することになりそうだ。

さらにNASAは「Moon to Mars（月から火星へ）」という長期計画を策定している。アポロ時代と大きく違うのは、NASAが一人で頑張るのではなく、さまざまなパートナーを巻き込むという点だ。イーロン・マスク（昭46）率いるスペースXや、海外政府の協力と共に月、ひいては火星を目指す計画だという。

そもそもイーロン・マスクは、人類は火星に移住すべきという持論を持つ。[146]人類の絶え間

145　アルテミス計画によって、「女性」「アジア人」「日本人」などが初めて月に降り立つことになるだろう。アポロ計画で月面に着陸した12人は全て白人男性だった。

146　ウォルター・アイザックソン『イーロン・マスク』文藝春秋、2023年。

ない進歩のため、そして核戦争などによって地球に住めなくなった時に備えるためというのが理由だ。

きっかけはＮＡＳＡの有人火星探査計画が思いの外進んでいないのにショックを受けたからだった。ペイパルを更迭された後、21世紀初頭のことである。それから彼は火星の開拓を人生の目標にしたと公言するようになる。実際にスペースＸを立ち上げ、本当に有人宇宙船を開発してしまうのだ。

２０２１（昭96）年にはツイッターで、２０３０（昭105）年までに火星に基地開設することを言明している。タイムスパンとしては、あのケネディ大統領による人類を月へ送り込むという宣言と同じだ。「本気の10年」である。

もちろん冷戦時代のアメリカ大統領によるスピーチと、一起業家によるツイートでは発言の重みがまったく違うが、宇宙開発におけるイーロン・マスクの存在感はますます高まっている。

人類が本当に火星を目指すのか。

それはドナルド・トランプとイーロン・マスクという個人の動向に大きく左右される可能性がある。

4　宇宙は軍事に乗っ取られるのか？

イプシロンとミサイルのあいだ

こうやって宇宙や科学のことを考えたり、調べ始めたりするうちに、一度くらいはロケット打ち上げを見てみたいと思うようになった。

しかしロケットの打ち上げは大抵の場合辺鄙（へんぴ）な場所で行われる。日本には国立施設としては鹿児島県の種子島と内之浦の2ヵ所に発射場があるが[147]、どちらも交通アクセスが悪い場所だ。東京に住む僕が簡単に行けるところではない。

一度、打ち上げ予定日に内之浦まで行ったことはある。2013年夏のことだ。JAXAがいうところの「宇宙新時代を拓く」「革新的なアイデアと技術が実現した」固体燃料ロケットイプシロンが、初めて打ち上げられる予定になっていた[148]。

当初の発射予定日である8月22日に合わせて鹿児島に向かったが信号中継装置の誤配線により延期。こちらは事前に中止が発表されたからよかったが、再設定された8月27日は直前になって中止が決まった。鹿児島空港から3時間をかけて、狭い道路を縫うように内之浦に辿り着いたにもかかわらず、イプシロンの飛翔する姿を拝むことはできなかった。

結局、9月14日に無事打ち上げは成功したのだが、当日は東京で仕事のため鹿児島まで行

147　民間施設としては北海道スペースポート、スペースポート紀伊がある。

148　宇宙航空研究開発機構編『新型固体ロケット「イプシロン」の挑戦』毎日新聞社、2013年。

くことができなかった。なので結局、ＹｏｕＴｕｂｅで打ち上げの様子を確認するだけになった。

イプシロンロケットと、その発射の瞬間は、まるで軍事ミサイルの打ち上げを見ているようだった。イプシロンが全長24・4メートルと比較的小型のせいだろうか。もしくは「ロケット打ち上げ＝スペースシャトル」のイメージが強すぎるせいだろうか。

イプシロン打ち上げを待つ人々

イプシロンとミサイル、それにしても似ているのである。これって、北朝鮮のミサイルとどう違うの？

その連想は、あながち大外れでもないようなのだ。ロケットとミサイルには、技術的な共通点が多い[149]。

そもそも日本にはＨ-ⅡＢのような液体燃料ロケット、イプシロンのような固体燃料ロケットという二つのロケット開発の流れがある。もともとは宇宙開発事業団と宇宙科学研究所という別々の組織が液体と固体、それぞれの開発を行っていた。しかし両組織は２００３（昭78）年にＪＡＸＡとして統合される。

ここで、固体燃料ロケットの開発を中止して液体燃料ロケットに一本化するという可能性もあったのだが、固体派

149　法的に考えると、日本と北朝鮮のロケット打ち上げを完全に同一視することはできない。ロケット打ち上げが平和的であることを証明するために「弾道ミサイルの拡散に立ち向かうためのハーグ行動規範」というルールがある。北朝鮮はハーグ行動規範に加盟しておらず、また国連は北朝鮮に対して「弾道ミサイル技術を使用したいかなる発射もこれ以上実施しないこと、弾道ミサイル計画に関連するすべての活動を停止すること」を要求する決議をしており、それに抵触している（「国際連合安全保障理事会決議第２０８７号」２０１３年１月29日）。

が自己アピールに使ったロジックの一つが「軍事」だった。

イプシロンのような固体ロケット技術は、ミサイル技術に転用可能なものである。そこで日本としては将来のことを考えて、固体ロケットを維持するべきだというロビーイングがあったようだ。イプシロンは「発射準備が短期間で可能」「ノートパソコン1台で発射管轄可能」をウリにするが、考えてみればこれはミサイルに置き換えた場合、役に立つ技術ばかりだ。

世界中を移動し続ける政治学者の鈴木一人（すずきかずと）（昭45）は自身のブログで「軍事技術に無邪気に近づいていくJAXA」という表現を使っている。[150]

宇宙と軍事の親密な関係

もちろん、宇宙技術と軍事技術に密接な関係があること自体が悪いわけではない。

SF作家のアーサー・C・クラーク（昭-9）は、宇宙開発やロケット研究の大部分が軍によって進められてきた現実を直視すべきだという。[151] 軍事的理由がなければロケットも存在していないし、人類が宇宙へ行くこともなかった。

彼はスプートニクを「最初の宇宙船」と考えること自体間違いだという。クラークによれば、ウェルナー・フォン・ブラウン（昭-14）のロケット兵器V-2こそが「最初の宇宙船」である。

150　鈴木一人ブログ「社会科学者として」kazutosuzuki.blogspot.com

151　アーサー・C・クラーク「宇宙開発は人類に何をもたらすか」NHK取材班『ザ・スペースエイジ2　天空のハイテク・ウォーズ』日本放送出版協会、1992年。

宇宙と軍事が結びついている。これは海外では半ば常識のようだ。イギリスのロンドンにある国立科学博物館へ行った時のことである。

驚いたのは、宇宙開発のコーナーが銃器や兵器の展示から始まっていたことだ。原始的な火薬ロケット、ドイツが進化させた兵器としてのロケットの歴史を説明した後で、ようやくアポロ計画など僕でも見知った「宇宙開発」の歴史が登場する。軍事ミサイルと宇宙開発の歴史がセットで語られているのだ。

１９６９年、人類の夢を実現させたアポロ計画も、軍事との密接な関係の上に実現したものである。月面着陸を競うという意味でアポロとソユーズが米ソの代理戦争だったというのはよく知られた話だが、技術的にも有人宇宙飛行には軍事が欠かせないものだった。

なぜなら有人宇宙飛行は空気力学や構造設計といった航空技術に加えて、弾道ミサイル技術を源流に持つからだ。特にアメリカで初期のロケット打ち上げを担った「タイタン」や「デルタ」は、大陸間弾道ミサイルや中距離弾道ミサイルを技術的に転用したものだ[152]。宇宙船の誘導制御や大気圏再突入に関する知見も、アメリカが弾道ミサイル開発の中で積み上げてきたものだ。また、有人宇宙船センターのスタッフにはミサイル計画の経験者が多数在籍していた[153]。

だが日本では「宇宙」と言われて「軍事」を連想する人は決して多くはないだろう。確かに日本では長らく宇宙とは「平和利用」に限って、しかも「非核・非軍事」で行うべきとい

152　最初から宇宙向けのロケットが開発されたのはアポロ計画以降である。

153　佐藤靖『ＮＡＳＡを築いた人と技術　巨大システム開発の技術文化』東京大学出版会、２００７年。

う解釈が共有されていた。[154] しかし、どこまで日本が宇宙と軍事の関係を真剣に考えてきたのかは怪しい。

忘却された「日本初のロケット実験」

日本の宇宙開発を記した本を読むと、糸川英夫（昭-14）によるペンシルロケットの実験から始まっていることが多い。[155] イプシロンに連なる固体燃料ロケットのいわば先祖だ。

糸川は1955（昭30）年に「東京からサンフランシスコまで20分で飛ぼう」という威勢のいい計画をぶち上げる。その新聞記事を見た文部省の官僚が、糸川にロケットで上層大気の風や気温を観測する国際地球観測年プロジェクトに参加しないかと持ちかけてきたのだ。

この流れに軍事っぽさはまったくない。しかし、やはり糸川のことを調べていると、宇宙と軍事を全く別物だと考えるのには無理があるということに気づかされる。

ペンシルロケット発射の公開実験は1955年4月14日、東京の国分寺にあった新中央工業（現ミネベアミツミ）の廃工場で行われた。

新中央工業とは戦時中から活躍していた日本の軍事企業で、戦後も機関銃などを警察や自衛隊、米軍に提供していた。糸川たちは、かつて機関銃試射場として使用されていた壕でロケットの実験を行ったのだ。[156] 確かにロケット実験を街中で行おうとすれば軍事施設を使うしかない。

154　鈴木一人『宇宙開発と国際政治』岩波書店、2011年。

155　糸川は東京帝国大学を卒業後、中島飛行機で戦闘機の設計に関わった。その後、大学教授に転じ、戦後はロケット開発に関わることになる。「日本の宇宙開発の父」と呼ばれる。「アメリカ宇宙開発の父」であるフォン・ブラウンと同じ1912（昭-14）年生まれである。

156　野本陽代「昨日の夢、今日の希望」NHK取材班『ザ・スペースエイジ2　天空のハイテク・ウォーズ』日本放送出版協会、1992年。

長さ23センチ、直径1・8センチのおもちゃのようなロケットを、針金を貼った紙の標的へ水平飛翔させるだけの実験だったが、多くのマスコミが詰めかけたという。それは実験メンバーの一人だった戸田康明（昭-14）が「あんな小さなロケットの発射実験に、どうして」と困惑するほどだった。

実験の日の新聞夕刊には「ロケット第一号実験」「国産ロケット初テスト」という文字が躍り[157]、文部省もペンシルロケットの実験を同年の省内10大ニュースに選んでいる。

しかし1971年に発売された本で朝日新聞記者だった木村繁（昭7）は、この新聞記事に異議を唱える。ペンシルロケットは日本初のロケットではないというのだ。「集った新聞記者たちは、第二次世界大戦中のロケット開発について何の知識も持ち合わせていなかったのか」と憤慨している[158]。

ペンシルロケットが日本初ではないとはどういう意味か。

木村によれば、戦時中から日本はドイツのV2などに刺激を受けてロケット開発を行っていた。しかも日本お得意のセクショナリズムによって陸軍と海軍が別々に兵器としてのロケット開発を行っていた。

陸軍は「イ号甲」「イ号乙」と呼ばれる無線誘導ロケット弾を開発し、発射実験が行われていた。しかし無線誘導技術のレベルは低く、熱海の玉乃井旅館を爆破させたことがある。当然空襲警報もない爆撃だったから、現地ではパニックが起こったという。

157 「国産ロケット初テスト」『毎日新聞』1955年4月14日夕刊、「ロケット第一号実験」『読売新聞』1955年4月14日夕刊、「〝赤ん坊〟ロケット成功」『朝日新聞』1955年4月14日夕刊。

158 木村繁『宇宙への道標』共立出版、1971年。『朝日新聞』も「国産ロケット初テスト」と報じているのだが、そういう愚痴はまず社内で言って欲しい。

海軍は一人乗り有人ミサイル「桜花」を開発していた。ロケット機の11型はアメリカの艦隊への特攻のために用いられたが、途中で母機ごとアメリカに迎撃され全滅したなどの「戦績」を残す。他にもドイツのロケット戦闘機「メッサーシュミット163」をパクった「秋水」、無人地対空ミサイル「奮竜」、無誘導の地対地ミサイル「重噴進弾」などが開発され実戦にも用いられている。

このように、戦争中から日本はロケットを開発してきたはずだが、1955年の段階で忘却が始まっていたようなのだ。[159]

糸川自身も、アジア太平洋戦争時代に一式戦闘機「隼」、日本初の重戦闘機「鍾馗」などの開発に携わった。糸川自身は戦後、「鍾馗」を自身の最高傑作だと振り返っている。しかしB29迎撃用に改造された「鍾馗」が高高度戦闘能力がなく、十分に活躍できなかったことを悔やむ。彼によれば、「鍾馗」の設計思想を考えれば、B29の60%は迎撃できたという。

糸川は1990年代になって「設計の思想からいって最高傑作だと思いますけどね。不遇な子でしたね。だから余計悔しいのかな」「返す返すも悔しい。日本国民の命を救えなかったことが残念」と、本当に悔しそうにインタビューに答えている。[160]

また「軍隊を賛美するつもりはないし、軍国思想も持っていません」という糸川だが、かつての徴兵制度を肯定的に評価し、「兵役に代わる、国民がすべて経験しなければならな

159 JAXAのウェブサイト内に掲載されている的川泰宣『ペンシルロケット物語 日本の宇宙開発の黎明期』では、村田勉（昭17）が1934（昭9）年に辻堂で行った実験が日本で初めてのロケット打ち上げと述べている。村田は、戦時中はコレヒドール攻撃用ロケット、戦艦大和の40サンチ砲の火薬の開発に従事し、戦後は糸川のペンシルロケットを手伝っている。

160 糸川英夫『私と戦闘機「隼」 太平洋戦争の陸軍戦闘機を検証する』文春ノンフィクションビデオ、1991年。

い、ある種の義務期間」が日本にも必要であるとしている。[161]

夢と軍事と未来と

日本では1960年代後半に宇宙の「平和利用」についての議論が始まったが、そもそも1950年代にはミサイル技術に転用可能な固体燃料ロケットの開発は始まっていた。[162]

さらに1954（昭29）年には保安庁が防衛庁に改編されたが、その時から日本は軍用ミサイルの開発もスタートしている。1955年には富士精密が試作を担当した無誘導固体ロケットの開発が始まり、その性能は糸川がペンシルロケットの後に発射実験をしたベビーロケットに酷似しているという。[163]

また防衛庁が開発した地対空ミサイルTLRM-2用の液体ロケットエンジンは、科学技術庁が1963年に打ち上げ実験を開始したLS-Aロケットの上段にそのまま転用された。しかも、そのロケット発射実験は防衛庁新島試験場で行われたという。この時、実験隊スタッフのなんと3分の2は防衛庁職員だった。そう、宇宙と軍事はきわめて近い位置にあったのである。だが、そうした出来事は大きな注目を集めることはなかった。

1969年5月に国会で「宇宙の平和利用原則」が決議され、防衛庁や自衛隊は宇宙システムの保有や運用が認められないことになった。その後、強引な解釈を繰り返しながらも、「平和利用」は「非核・非軍事」という解釈は守られ続けた。結果、1955年すでに始ま

161　糸川英夫『これだけは言っておきたい21世紀への遺言　日本で暮らしたい日本人のために』徳間書店、1996年

162　鈴木一人『宇宙開発と国際政治』岩波書店、2011年。

163　吉岡斉「宇宙科学の草創期」中山茂ほか編『通史　日本の科学技術』第2巻、学陽書房、1995年。

っていた軍事とロケットは別物という「軍事の忘却」はますます進んでいった。

２００８年には宇宙基本法が施行され、宇宙開発と軍事の垣根が取り払われることになった。実際、宇宙関連予算の約３割が軍事目的のために使用されるようになっているが[164]、相変わらず宇宙と軍事の関係が専門家以外に注目されることは少ない[165]。イプシロンロケット打ち上げを伝えるニュースでも、それが軍事との関連性を指摘したメディアは少なかった[166]。

おそらくＪＡＸＡの現場でもそうなのだろう。ＪＡＸＡの若手職員と話した時も「最近、宇宙の話になると、軍事の話題にもなりますよね」と笑顔で話していた。それが鈴木の危惧する「軍事技術に無邪気に近づいていくＪＡＸＡ」なのかも知れない。

ＪＡＸＡのウェブサイトでは「すべての人が、夢と希望、そして誇りを持てる社会を実現するために、ＪＡＸＡは科学と技術の限界に挑戦し続けます」と宣言されている。しかしいつまで宇宙が「夢と希望」を与え続けられるのかは不透明だ。

『宇宙兄弟』や『帰ってきた「はやぶさ」』など宇宙を舞台にしたコンテンツは定期的にヒットしているが、それらは技術の素晴らしさではなく人間ドラマを描いたものばかりだ。アポロの頃のように科学技術そのものに人々が感嘆しているわけではない。

そんなふうに科学の夢が風化する中で、「軍事」がひどく現実的な要請として「宇宙」と手を結ぼうとしている。

164　２０１１年度でみると、総額３０９９億円のうち、防衛省に４１３億円が割り当てられている。さらに内閣官房の予算６７２億円も、そのほとんどが情報収集衛星やミサイル防衛のために使用されている（吉岡斉「宇宙産業の停滞」吉岡斉ほか編『［新通史］日本の科学技術』第2巻、原書房、２０１２年）。

165　宇宙基本法施行前、自衛隊は原則として宇宙システムを使用せずに運用されてきた。また専守防衛において宇宙システムの活用は例外的な状況であるという（鈴木一人「日本の宇宙安全保障政策」『ＴＡＲＯＮ』第1号、２０２２年）。

166　ちなみにミサイルみたいなイプシロンロケットは２０１３年のグッドデザイン賞を受賞したのだという。

5 「昭和」の申し子　イーロン・マスク

「憧れ」から「おなじみ」へ

人類初の有人宇宙飛行から60年以上、有人月面探査から50年以上が過ぎ、宇宙はすっかり見慣れたものになった。もちろん、実際に宇宙へ行った人の数は限られる。せいぜい600人程度だ。

だが半世紀以上にわたって、人類は繰り返し宇宙の写真や動画を目の当たりにしてきた。その意味で、もはや宇宙はヒマラヤや北極点・南極点のような地球上の極地と大差はないのかも知れない。

そのような時代に、宇宙は、JAXAが言うような「夢と希望」を与えられるのだろうか。そもそも玄田有史（げんだゆうじ）（昭39）が中心になって行った希望学プロジェクトによれば、実に76・5%が何らかの希望を持っているということが明らかになった[167]。さらに若年層を中心に生活満足度が上がる中で[168]、宇宙開発という膨大な予算がかかる割には、短期的リターンが見えにくい領域に多額の国家予算を割り当てる正当性は調達しにくくなっている。

そうした時代に、イーロン・マスクのスペースXのように、民間企業が宇宙開発に携わるのは道理に合っている。

167　玄田有史編『希望学』中公新書ラクレ、2006年。
168　古市憲寿『絶望の国の幸福な若者たち』講談社+α文庫、2015年。

宇宙ステーションはユースホステルみたいだった

日本ではZOZO創業者の前澤友作（昭50）が宇宙に並々ならぬ関心を寄せていた。ただしイーロン・マスクと違って「顧客」としてだ。

2021年、前澤はマネージャーの平野陽三（昭60）と共に国際宇宙ステーションに12日間滞在した。それは宇宙への憧れを打ち砕くような現代的なイベントだった。

滞在費用は一人約50億円とされるが、宿泊場所はユースホステルの相部屋のような空間だ。自身のYouTubeチャンネルでさまざまな「実験」をしていたが、もちろん新発見などない。驚いているのは前澤本人だけだった。

再生回数も実験動画はそれほどではなく、一番人気は「宇宙から全員お金贈り!!」だった。地上でも宇宙でも同じことをするのだと感慨深くなる。

近い将来、一定数の富裕層は前澤のように宇宙旅行へ出掛けるだろう。だがそれは昭和時代の子どもたちが夢見たような未来とは少し違ったものになりそうだ。

19世紀末から20世紀初頭の探検家たちが到達を競った極地に北極点がある。その北極点にも、今では観光ツアーで簡単に行くことができる。

2021年に就航したラグジュアリー砕氷客船「ル・コマンダン・シャルコー」は、乗船者に優雅な北極体験を約束する。映画館やスパはもちろん、シガー・バーや船上温水プールも完備、アラン・デュカス（昭31）監修のディナーも楽しめる。

ノルウェー発着18日間のクルーズは、最も安い部屋で約530万円、最上級スイートで約1200万円。高いが命の危険はなさそうだ。こうして多数の死者を出した極地探検さえもお金で買える時代になった。

しかし誰もが気軽に北極を訪れる時代は来そうにない。なぜならわざわざ北極に行くより、ニューヨークやパリ、京都といった都市のほうがはるかに観光地としては魅力的だからだ。宇宙も同様だろう。商用宇宙観光が普及しても、それは現在の北極ツアーと同じような位置づけになるのではないか[169]。

科学は実に恐ろしい

アポロが月へ行ったのはもう50年以上前。それが「僕らの生まれてくるずっとずっと前」だった世代は増加している。

ところで今から100年以上前、1912（昭-14）年から1913（昭-13）年にかけて『朝日新聞』で連載された小説『行人』の中で、夏目漱石（昭-59）は登場人物に以下のような言葉を語らせている。

「人間の不安は科学の発展から来る。進んで止まる事を知らない科学は、かつて我々に

169 ついに商用宇宙旅行は実現しつつある。ヴァージン・ギャラクティックの90分ツアー（うち無重力は4分）は、2023年から商業飛行をしている。費用は約45万ドル（6600万円）だという。

止まる事を許してくれた事がない。徒歩から俥（くるま）、俥から馬車、馬車から汽車、汽車から自動車、それから航空船、それから飛行機と、どこまで行っても休ませてくれない。どこまで伴（つ）れて行かれるか分らない。実に恐ろしい」

2011年3月の福島第一原子力発電所の事故を受けて、このフレーズはしばしば注目された。特に原発事故を経験した当時の日本在住者に「恐ろしい」という言葉は真摯に響いた。だが人間は忘れていく生き物でもある。そして実利的な生き物でもある。原油の高騰や円安によってエネルギー費が上がるにつけて、原子力発電所の再稼働を許容する世論も高まった。世界中でも当たり前のように原子力発電所の稼働は続いている。

もっとも「原子力」自体に向けられる視線には変化もあった。かつてアメリカでは原子爆弾はアジア太平洋戦争を終わらせた兵器として肯定的に語られる傾向にあった。特に1945年の原爆投下直後には、アメリカ人の実に85%が原爆投下を支持していた。

だが昨今は若年層を中心に世論に変化が見られる。2015年に実施されたピュー研究所の調査によると、原爆使用が「正当化できる」と考えるアメリカ人が56%まで減ったのだという。中でも18歳から29歳の若者に限ると割合は47%で、過半数を割っている。[170]

2023（昭98）年に映画『オッペンハイマー』が封切られた時、同時公開された『バービー』との合成語「バーベンハイマー（Barbenheimer）」というスラングや、関連する画像

170　Pew Research Center. 70 years after Hiroshima, opinions have shifted on use of atomic bomb.（2015年8月4日）

（ネットミーム）がＳＮＳ上で流行した。それに対して配給元のワーナー・ブラザースがＳＮＳアカウントで好意的に反応したところ炎上、謝罪に追い込まれた。たとえアメリカであっても、原子爆弾を容易に茶化すことができなくなっているのだ。

２０２４年3月、本章の冒頭で触れた国立核実験博物館に再訪してきた。[171] こうしたアメリカの世論の影響を受けてなのか、博物館の中は様変わりしていた。「ミス・アトミックボム」など浮かれた展示はショーケースの中に閉じ込められ、あくまでも歴史的事象として語られるだけだ。

ネバダ核実験場の歴史が淡々と説明され、特に核廃棄物の処分や環境への配慮に対する説明は丁寧だった。特別展では、アメリカの従軍カメラマンのジョー・オダネル（昭-4）が撮影した、原爆投下直後の長崎の写真が並べられている。日本から寄贈された折り鶴も展示されていた。

ミュージアムショップも大人しい。辛うじてキノコ雲のＴシャツはまだ売っていたが、後はマグネットや書籍など当たり障りないものばかりだ。10年前に懐かしさを覚えた博物館は、コンプライアンスに配慮したひどく現代的な場所になっていた。

このまま人類は落ちぶれるのか？

今でも夏目漱石が『行人』で語ったような、科学に対する不安に共感する人はいる。だ

171　タクシー運転手と面倒なやり取りが必要だった２０１３年と違い、Ｕｂｅｒのアプリに日本語で指示をすればいいだけなので、移動ははるかに簡単になった。

が、イーロン・マスクは全く別の危惧を抱いているようだ[172]。このままでは人類は暗黒時代に突入するのではないかというのである。

必ずしも技術は単線的に進歩するものではない。エジプトのピラミッドや、ローマの高架式水道など中世には失われてしまった技術がある。同じことが現代のアメリカでも起きているのかも知れないというのがイーロン・マスクの懸念である。

確かに歴史を振り返った時、時として人類は文明の後退を経験している。特にローマ帝国など、古代に栄華をきわめた地域でそれは顕著だった。

ローマ帝国の最盛期には、浴場や個人宅でハイポコーストと呼ばれるセントラルヒーティングが用いられていた。職業も多様で、クリーニング屋や脱毛を施すエステティシャンまで存在した。しかし帝国崩壊後に文明レベルは低下、中世の庶民は粗末な木造の家で、自給自足に近い生活を送らざるを得なかったという[173]。

20世紀後半、人類はごく短期間で宇宙開発を進展させた。だが月に行った後は、本気で火星を目指そうともしなかった。ほとんど進歩は止まったままだ。

21世紀、人類は再び暗黒時代に突入するのだろうか。もしそうだとしても、本当にその解決策は、イーロン・マスクの主張するような火星探査なのだろうか。

常人からすれば、とてもそうは思えない[174]。

確かに宇宙開発にだけ目を向ければ、アポロ以降は人類の進化が止まってしまったように

172 ウォルター・アイザックソン『イーロン・マスク』文藝春秋、2023年。

173 ブライアン・ウォード＝パーキンズ『ローマ帝国の崩壊』白水社、2020年。

174 人類が最も恐れるべきは来るべき氷期である。文明が栄えたのは、温暖な間氷期が訪れた約1万2000年前からだ。間氷期と氷期は10万年スパンで訪れるので、少なくとも約9万年後には次の氷期が到来することになる。

見えるだろう。

だが当時と現代で、我々の生活の利便性ははるかに向上した。特にインターネットとスマートフォンの普及によって、人類の情報環境は大きく変わった。1969年の人間が現代にタイムスリップしてきたとして、「人類の進歩が止まった」とは思わないだろう。[175]

考えてみれば、イーロン・マスクが興味を持つ事業というのは、工業社会の影響を色濃く受けている。電気自動車のテスラ、真空チューブ鉄道のハイパーループ、そして宇宙事業であるスペースXといった具合に、どれも「昭和」の雑誌に未来予測として掲載されていたものばかりだ。

その意味で、国こそ違うが彼は「昭和」の申し子と言えるのかも知れない。[176]

懐かしいものになった「昭和」の夢が、イーロン・マスクの力で強引に動き出そうとしている。宇宙開発が「未来」であり続けるのは、工業社会の夢見る到達点の一つが宇宙開発であり、それが未達成のままだからだ。宇宙は未来ではなく、現実から地続きの存在になるのだろうか。

それとも1990年代におけるインターネットのように、「昭和」の人が予想しなかったような技術によって、再び世界は変わるのだろうか。

今日もイーロン・マスクは地球を騒がせながら火星を目指す。

175　そもそも中世初期と現代では情報環境が大きく違う。書物やネット空間問わず、アーカイブの量は膨大であり、世界規模での交流も進んでいるので、文明の水準が一気に後退する可能性は低いように思う。

176　イーロン・マスクは「昭和」なんて知らないだろうけど。

郵 便 は が き

料金受取人払郵便

小石川局承認

1160

差出有効期間
2026年7月9
日まで

112-8731

東京都文京区音羽二丁目
十二番二十一号

講談社 学芸第一出版部

現代新書 行

愛読者カード

あなたと現代新書を結ぶ通信欄として活用していきたいと存じます。
ご記入のうえご投函くださいますようお願いいたします。

(フリガナ)
ご住所

〒□□□-□□□□

(フリガナ)
お名前

生年(年齢)

(　　歳)

電話番号

性別　1男性　2女性

メールアドレス

ご職業

★現代新書の解説目録を用意しております。ご希望の方に進呈いたします(送料無料)。

1希望する　　2希望しない

TY 000043-2407

この本の タイトル	

本書をどこでお知りになりましたか。

1 新聞広告で　2 雑誌広告で　3 書評で　4 実物を見て　5 人にすすめられて
6 新書目録で　7 車内広告で　8 ネット検索で　9 その他（　　　　　　　　　）

＊お買い上げ書店名（　　　　　　　　　　　　　　　　　　　　　　　　）

本書、または現代新書についてのご意見、ご感想をお聞かせください。

最近お読みになっておもしろかった本（特に新書）をお教えください。

どんな分野の本をお読みになりたいか、お聞かせください。

3章　東京オリンピック　大冒険の終わり

１９６４年の東京オリンピックは、日本の高度成長を象徴する輝かしいイベントとして記憶されている。しかし、その成功の裏には、景観破壊や住民の犠牲、強引な開発推進があった。本章では、幻の１９４０年大会からコロナ時代下の２０２１年大会まで、東京オリンピックが都市にもたらした「負の遺産」を検証したい。

1 首都高・モノレール・新幹線

一等国になれたから「成功」？

２０２０（昭95）年に開催されるはずだった東京オリンピック・パラリンピックは、あらゆる意味で異例だった。

新型コロナウイルスの流行によって開催が1年延期されていたばかりではなく、２０２１（昭96）年になっても開催の是非を巡り大きな議論が巻き起こった。結局、政府は無観客での開催を決定、異様なオリンピックとなる。

この二度目の東京オリンピックは、当初から雲行きが怪しかった。

新国立競技場とエンブレムの撤回騒動、建築家ザハ・ハディド（昭25）の死去、誘致の裏金疑惑とネガティブな話題には事欠かないため、一部では「呪いのオリンピック」とさえ囁かれていた。奈良時代ならとっくに大仏建立の詔でも出て、僧侶たちは加持祈禱に余念がなかっただろう。

さらにオリンピック開催後も騒動は続く。組織委員会や広告代理店などオリンピックに関わっていた人物が相次いで談合の疑いで逮捕されたのだ。

新国立競技場

今や、オリンピックに関わっていたことを声高に自慢する人はいない。個別の競技や選手が称賛されることはあっても、東京オリンピックそのものが前向きに評価されることは、ほぼないと言っていい。

１９６４（昭39）年に開催された東京オリンピックと対照的である。一度目の東京オリンピックは、輝かしい出来事として想起されることが多い。「敗戦国になった日本にとって希望の祭典」「オリンピックのおかげで日本は一等国になれた」というような具合だ。自分の青春と重ね合わせながらオリンピックの思い出を語る高齢者も多い。

しかし、である。１９６４年オリンピックから60年が経ち、今一度冷静に考えてみる必要があると思う。本当にあのオリンピックは「成功」だったのだろうか、と。

もちろんあのオリンピックの功績が大きいことは否定しない。しかし東京という街を中心に考えてみると、あのオリンピックが残した「負の遺産」は思いの外大きいのである。そして、オリンピック「成功」の陰に隠れて、大きな不利益を被った人々も決して少なくなかったのである。[177]

ゼロ度目の東京オリンピック

これまで東京では二度のオリンピックが開催された。１９６４年と２０２１年である。

だが幻で終わった東京オリンピックも存在する。１９４０（昭15）年の9月から10月にかけて東京で開催が予定されていた夏季大会である。[178] 国際的なアピールや外貨獲得、ナショナリズムの鼓舞を企図した、アジア初のオリンピックになるはずだった。[179]

戦前日本にとって、１９４０年は皇紀２６００年に当たるアニバーサリーイヤーだ。東京オリンピックの会場は月島に設定され、30万坪の用地に競技会場やホテル建設が進んでいた。

さらにオリンピックと同時に万博まで開催される予定だった。紀元２６００年記念日本万国博覧会である。晴海と豊洲にまたがる広大な会場にはシンボル館「肇国（ちょうこく）記念館」の建設が始まり、[180] 当選券つき入場券の発売まで準備が進んでいた。[181] １９４０年に完成した勝鬨橋（かちどきばし）

177 本章の内容は一部「東京五輪〝負の遺産〟首都高とモノレール」文藝春秋編『昭和の東京12の貌』（文春新書、２０１９年）を元にしているが、同エッセイに対するブログ「骨まで大洋ファン」の丁寧な批評が参考になった。

178 同年2月には札幌での冬季大会も計画されていた。

179 東京オリンピック開催の経緯については、老川慶喜編『東京オリンピックの社会経済史』（日本経済評論社、２００９年）の関口論文（1章）と上山論文（2章）を参照。

180 「肇国」とは国のはじまりという意味。高さ38メートルの巨大ホールになるはずだったが、基礎工事のみで終わった。

181 この入場券は１９７０（昭45）年の大阪万博、２００５年の愛知万博でも使用することができた。愛知万博では12枚セットの入場券一冊が招待券2枚に交換できた。交換実績は１９２件だという。

は、この万博のアクセス道路として整備されたものだ[182]。

「オリンピック」と「万博」という外向きのメガイベントを利用しながら、皇紀2600年という内向きのアニバーサリーを祝おうとしたわけである。

聖火リレーは、中央アジアから中国新疆（しんきょう）、内蒙古を経由して北京に入り、新京（しんきょう）から朝鮮半島を縦断して門司に上陸、山陽道と東海道経由で東京に到着するというプランがあった。当時、満州国の首都だった新京を国際的に認知させる目的だ。

この聖火リレーには陸軍も協力的だったという。大陸横断をするリレーにかこつけて、広範な地域の地勢や各国軍備の配備状況を偵察できるという目論見があった。さすが戦時の発想である。

だが戦況の悪化で内外から批判が高まり、日本はオリンピックの返上と万博の延期を決めた。各国の対日感情を改善させるために、オリンピックや万博を活用しようという国際的な発想は当時の日本にはなかった[183]。代わりに開催されたのが、日本独自の紀元2600年記念イベントである。

またオリンピックのメイン会場として使用されるはずだった明治神宮外苑競技場では、1943（昭18）年に出陣学徒壮行会が挙行され、多くの学生たちが戦地に赴くことになった[184]。

その東京が再びオリンピック招致に動き出したのは1952（昭27）年だった。サンフランシスコ平和条約が発効し、独立を回復したまさにその年である。誘致の主眼は、国際社会

182　かつては「月島の渡し」「勝鬨の渡し」といった渡し船が活躍していた。架橋計画は1915年からあったが中々実現せず、1930年に建設が決まった。万博中止の決定後も建設は続けられ竣工した（畑中章宏『五輪と万博　開発の夢、翻弄の歴史』春秋社、2020年）。

183　橋本一夫『幻の東京オリンピック　1940年大会　招致から返上まで』講談社学術文庫、2014年。

184　明治神宮外苑の開発には内務省神社局が反対したため、駒沢にメインスタジアムを建設することになった。外苑は明治天皇ゆかりの地であり、「一本一石たりともゆるがせにできぬ」と強硬に主張する者が神宮側にいたという。時代は変わった。

に復帰した日本と復興した東京を世界に見せたいという点にあったが、次第に東京改造とオリンピック開催が不可分のものとして結びついていく。[185]

「信じがたいほど悪い」東京の交通事情

当時、日本の交通事情は深刻だった。自動車の登録台数が急激に増加し、慢性的な交通渋滞が起こっていたのだ。

１９５６（昭31）年に発表されたワトキンス調査団による報告書では、日本の道路事情が辛辣に批判されている。

冒頭からすごい。「日本の道路は信じがたいほど悪い。工業国にして、これ程完全にその道路網を無視してきた国は、日本のほかにない」といった具合である。実際、当時日本のほとんどの道路は未舗装という有様だった。[186]

特に東京都心の交通事情は逼迫していた。その解決策の一つとして提案されたのが、首都高である。首都建設委員会は「首都高速道路に関する計画」で、都心部の自動車専用道路の建設を提案している。１９５８（昭33）年には日本道路公団がのちの首都高2号線の建設を開始、１９５９（昭34）年には首都高速道路公団が設置され、工事を引き継いだ。

その１９５９年、東京都知事になった東龍太郎（昭-33）の持論は、「東京改造計画」だった。就任直後の5月初め、彼は幹部を前に次のように語ったという。

185　１９５２年は首都建設緊急五ヵ年計画が始動し、東京のインフラ整備にしても画期となる年だった。

186　日本政府は、名神高速道路の調査のために世界銀行のワトキンス調査団を招致した。この報告書で、戦後日本の道路建設の必要性が広く認知されたという（武部健一『道路の日本史　古代駅路から高速道路へ』中公新書、２０１５年）。

「オリンピックを呼んで、これを成功させることも大切です。ですが、それだけでなく、まひ状態に陥っている東京を近代都市に造り変えることが急務だと思います。といっても、オリンピックのような大事業がなければとても無理です。私はこの機会に東京を蘇生させたいと考えています」[187]

そして5月26日、国際オリンピック委員会の総会がミュンヘンで開かれ、正式に東京オリンピックの開催が決まった。

実はこの時、歓迎ムード一色ではなかった。開催決定を伝える『朝日新聞』の天声人語は「国民はうれしいような、不安なような二通りの感慨を抱く」と吐露した[188]。「悪道路のこと、下水もろくにないこと、泥棒の心配などを思うと、大変だなという気がする」というのだ。さらに「消えてなくなる運営費などには国民の税金を使いたくない」と釘を刺す[189]。

乗り気でないのは東京都建設局長だった山田正男（やまだまさお）（昭-13）も同様だった。

「本格的に都市計画を進めようというとき、オリンピックをやることになった。実際のところ、私はがっかりした。この資金不足のときに、何で競技場のようなお荷物を造らなければならないのかと思いました」というのだ。

だが政治家は違った。首都高を初めとした道路整備はオリンピック以前から計画されていたが、「オリンピックまでに何とか道路を整備しなければならぬ」という声が大きくなっていく[190]。

187　東龍太郎と山田正男の証言は、塩田潮『東京は燃えたか　オリンピック1940-1964-2020』（朝日文庫、2018年）を参照。

188　「天声人語」『朝日新聞』1959年5月27日東京朝刊。

189　2020年の東京オリンピック開催が決まった際の天声人語では「震災からの復興と原発事故の収束」を求めながらも、萩本欽一（昭16）の説く「おしゃれで粋な大会に」という主張に同意しながら「もう若者が主役とは言いにくくなった『成熟都市』での開催」を好意的に捉えていた（「天声人語」『朝日新聞』2013年9月10日東京朝刊）。

190　日本社会党・石川次夫（昭-10）の第38回国会衆議院建設委員会（1961年5月12日）の発言。

首都高速道路公団理事長だった神崎丈二も「私ども公団としては、オリンピックということをはずしては考えられない立場に相なった」と覚悟を述べる。[191] 特に羽田空港と都心を結ぶ1号線、主競技場となる明治神宮外苑周辺を通過する4号線に関しては「完成させたい」と言う。

「挙国一致」という上から目線

普通に考えたら、間に合いそうもない工事。特に用地買収が難航した。[192]

神崎理事長が「完成させたい」と名前を出していた首都高1号線の建設に際しては、行政と地元漁師との攻防が続いていた。東京湾の埋め立て工事が進まない限りは、1号線に着工できない。結果的に都が330億円の補償金を払うことで漁協と合意が成立、地元の漁師、数千人が失職することになった。[193]

1961（昭36）年には特定公共事業として認定を受ければ、強制収容までの期間を短縮できる特別措置法が制定された。[194] こうして都市部の住宅密集地は、国による土地収容が順調に進んでいった。

首都高1号から4号だけでも1276棟が補償の対象となっている。首都高以外にも環状七号線や放射四号線（青山通り）などがオリンピック関連道路に指定されたが、実に移転補償と対象は6872棟に及んだ。

191　第39回国会衆議院オリンピック東京大会準備促進特別委員会、1961年10月25日。

192　建設省の機関誌では「住民の反対気勢に直面している」ことが延々と愚痴られている。近年では公共事業に対して、「先づ反対」が「公式」のようになってしまった。住民が「協力体制から出発」してくれることを願っているというのだ（「交差点」『新都市』15（3）、1961年）。

193　1960年の大卒平均初任給は約1万3000円だった。

194　老川慶喜編『東京オリンピックの社会経済史』日本経済評論社、2009年。

青山通りは、22メートルから40メートルに拡幅された。商店街が消え、街並みが一新された。オリンピックのために地元が立ち退きに応じる様子は好意的に報道され、一方で開発に逆らう人々は「ごね得」の「エゴ」と描かれたりもした[195]。

戦時中は強制疎開といったように国家による強制的な用地取得が可能だった。だが「戦後民主主義」の時代ではそうもいかない。東京都は、オリンピック後の報告書で次のように振り返る。

「自由で対等な、しかも無制限な話し合いによって補償を得ようとし、現在の状態より有利になることが当然であるという考えが広く行なわれてい」る。「個人の権利や利益を主張することがあまりに強くなって公共の福祉たる公共事業の公益性をも左右せんとする傾向があらわれている」[196]。

清々しいほどに、上から目線を隠さない。民衆は黙って国家に協力しろとでもいう勢いだ[197]。

事実、オリンピックは「挙国一致」とも言うべき雰囲気の中で準備が進んでいた。それがオリンピック国民運動である。「日本人としての自覚と国際理解」「公衆道徳の高揚」などが掲げられ、外国人が見ても恥ずかしくない東京を目指して躍起になった[198]。

オリンピックに反対する者は「非国民」

当時、銀座にはロングスカートやアイビーファッションに身を包み、なぜか大きな米袋を

195　石坂友司・松林秀樹編『一九六四年東京オリンピックは何を生んだのか』青弓社、2018年。

196　東京都編「第18回オリンピック競技大会東京都報告書」1965年。

197　一方で反対運動も熾烈をきわめたという。建設省の大塩洋一郎（昭-1）は、首都高2号線の反対運動の最中、自宅アパートの窓ガラスに猟銃が撃ち込まれたという証言を残している（「天皇の靴」『首都高速道路公団二十年史』1979年）。

198　ただし当時の人々が「オリンピック国民運動」を正しく把握できていたわけではない。1964年に実施された世論調査によると、内容まで把握している人は7・1%に過ぎなかった（内閣府「オリンピック東京大会オリンピック国民運動に関する世論調査」）。

抱えた若者がたむろしていた。彼らはみゆき通りにちなんで通称「みゆき族」と呼ばれた。なぜ米袋かといえば「カッコいいからさ。あたしたちの独創よ。だって、パリにお米屋ないもん」とのことらしい[199]。

オリンピックという国家的行事に、米袋を持ったみゆき族は相応しくないということで、１９６４年９月に一斉取り締まりが行われた。当時の少年課刑事は、補導の理由を「勉強も仕事もしないでグニャグニャしてる連中にオキュウを」すえることと語っていたが、彼らは道路交通法や軽犯罪法に違反したわけでもない。こうして我が国初のストリートファッションは、道徳の名の下、一夏で消え去った。

教育現場では、オリンピックに際して「りっぱな日本人」になるための指導がされた[200]。外国からの訪問者を親切にもてなしたり、美化運動に励むことを推奨する。同時に自国開催のオリンピックは、空にたくさんの日の丸を掲げ、君が代を響き渡らせるまたとない機会だともいう。オリンピックを通じた愛国心の涵養が目指されたのである。

作家の小林信彦（こばやしのぶひこ）（昭7）の述懐によれば、開発に対して、反対運動はおろか、批判的な言葉を口にしただけで「保守主義者」とどやしつけられるような空気があったという。オリンピックに反対する者は「非国民」扱いされるという、まるで戦時下に逆戻りしたような時代が訪れたのである[201]。

199　「男性の女性化　日本に独自の草食系男子（サザエさんをさがして）」『朝日新聞』２０１０年２月６日朝刊。

200　小林正泰「１９６４年東京オリンピックをめぐる道徳教育の課題とその論理　国民的教育運動における公衆道徳と「日本人の美徳」」『東京大学大学院教育学研究科基礎教育学研究室　研究室紀要』第42号、２０１６年７月。

201　小林信彦・荒木経惟『私説東京繁昌記』ちくま文庫、２００２年。風営法が改正され、バーや喫茶店の深夜営業が取り締まられるようにもなった。小林は、コーヒー一杯で深夜まで粘れた深夜喫茶が消えてしまったと回想する。

首都高に潰された「東京」

こうした「挙国一致」ムードの中で、東京の大改造は進んでいく。

ヨーロッパに行くと、車道も歩道も広い街路樹のある大通り（アベニュー）をよく見かける。シャンゼリゼ通りのような素敵な場所が、東京にもあればいいのにと思ったことはないだろうか。実は昔の東京には、そんな余裕のあるアベニューがあったのだ。

ＪＲ信濃町駅を降りるとすぐ、東京には似つかわしくない森が姿を現す。再開発に揺れる明治神宮外苑だ。

かつて外苑から明治神宮は立派な「裏参道」で結ばれていた。参道とは文字通り、神社仏閣に参拝するための道のこと。明治神宮と青山をつなぐ表参道は地名としても有名だが、裏参道を知る人は少ない。

裏参道が整備されたのは、大正時代のことである。当初は一般道路を建設する予定だったが、栄えある参道ということで、歩道と車道の間に並木の植樹帯を設け、さらに外側に乗馬道を設置することになった。結果、横幅36メートルにも及ぶ本格的な公園道路が誕生したのである。[202]

だが現在、「公園道路」の面影を探すことは難しい。なぜなら、首都高4号線建設に際して、乗馬道をぶっ壊し、さらに並木も一部伐採してしまったからである。かくして裏参道は、片道一車線のごく普通の一般道となった。

202　越澤明『東京都市計画物語』ちくま学芸文庫、２００１年。

高架下は駐車場

裏参道を通る首都高

辛うじてイチョウ並木は残っているが、すぐ横を首都高が走るものだから、圧迫感が半端ない[203]。首都高の高架下は「30分300円、最大料金2500円」の巨大駐車場になっている。表参道の賑わいや華やかさとはほど遠い。

当時のメディアは首都高建設を好意的に伝えていた。1962（昭37）年の『朝日新聞』によれば、「四号線が開通すれば、神宮の森を左に中央線を右にみながら快適な高速度道路になる」といい、公園道路が潰されることを惜しむような素振りはない[204]。昨今の外苑再開発を巡る騒動と比べると信じられない。

それは、たびたび問題にされる日本橋の真上に架かる首都高も同じことだった。日本の道路網の始点で、国の重要文化財でもある日本橋のすぐ上には首都高の高架が迫っている。歩いてみるとわかるが、橋桁の位置が低いため、圧迫感がある上に、昼間でも薄暗い[205]。

しかし1963（昭38）年に首都高の架設が行われた時は大きな批判などなかった。むしろ多数の見物客が集ま

203　首都高も好意的に捉えれば、2025年大阪万博のリングのようである。日よけになるし、雨にも濡れずに済む。

204　『朝日新聞』1962年2月17日朝刊。

205　現在、首都高速道路日本橋区間地下化事業が進行中で、2040年には日本橋にかかる首都高が地下トンネル化されるという。

り、夜中の作業だったというのに、お祭りのような賑わいだったという。[206]
　このように、首都高建設によって破壊された東京の景観は少なくない。

オリンピックの「戦死者」

　日本は１９４５（昭20）年に戦争に負け、占領軍によって新しい国に生まれ変わったはずだった。だがオリンピックという国民的イベントは、「日本人」を再統合する役割を果たした。

　作家の小田実（おだまこと）（昭7）は、こうした空気に違和感を隠さなかった。そもそもオリンピックというものは「世界の運動会」に過ぎない。興味を持てない人がいるのも当然だ。しかしそうした人は「非国民」扱いされ、オリンピックに対して「滅私奉公」を強要されるというのだ。[207]

　実際のところ、オリンピックには「戦死者」がいた。首都高の工事中に命を落とした殉職者もその一員だ。

　首都高速道路広報室によれば、羽田補修基地の中に首都高の建設過程で殉職してしまった人に対する慰霊碑がある。一般公開はされていないが3年から4年に一度の頻度で慰霊祭が行われているという。

　設置された時期は不明だが、第1回の慰霊祭が１９６４年7月に開かれた記録が残っている。慰霊碑に刻まれた名前は１９６４年の東京オリンピック開幕までに56名に及んだ。

206 『首都高をゆく』イカロス出版、２００９年。

207 小田実「わしがよんだわけじゃない」講談社編『東京オリンピック　文学者の見た世紀の祭典』講談社文芸文庫、２０１４年。初出は１９６４年10月7日『共同通信』。

当時の首都高速道路公団の用地部監理課長は、オリンピック開催前の雰囲気を次のように振り返る。「オリンピック開催というタイムリミットのなかで、公団職員全員が寝食を忘れ火の玉のように一丸となって仕事に取り組」んだ。それが「世紀の大事業を完遂しえた大きな原動力になった」というのだ。[208]

働き方改革や過労死という概念さえなかった時代だが、「火の玉」という言葉は戦時中に大政翼賛会によって掲げられたスローガン「進め一億火の玉だ」を想起させる。オリンピックの成功という「勝利」のためには、人命の犠牲は大きな問題だと見なされなかったのだろう。

首都高はジェット・コースター

「戦死者」や、立ち退きを余儀なくされた人々に比べると、東京の景観が犠牲になったのは仕方のない面があるのかも知れない。

「潰された裏参道」も「隠された日本橋」も、少しでも用地買収の手間を軽減するためのアイディアである。銀座の京橋（きょうばし）から浜離宮（はまりきゅう）にかけて流れていた築地川など、ほとんどが首都高のためにつぶされた。普通に川だった場所から水を抜いて、川底にコンクリートを打ち、道路にしてしまったのだ。昔の日本ってすごいな……。

首都高は東京の水辺を犠牲にすることで成立した。川や運河の上空は覆われ、江戸以来の景観は失われた。とにもかくにも「道路」がすべてに優先されたのである。[209]

208　相川公二「霞が関周辺の思い出」『首都高速道路公団二十年史』1979年。

209　この時期に庶民の足だった都電も次々に廃止されている。建設省は東京都に「オリンピックに都電は邪魔だ。早くはずせ」と迫ったのだという（吉見俊哉『東京復興ならず　文化首都構想の挫折と戦後日本』中公新書、2021年）。

しかも真っ新な土地に一から建設したものではない以上、首都高は完璧な道路ではない。アップダウンが激しく、道の曲がりくねった複雑怪奇な代物である。よく言えば創意工夫、悪く言えば無理と妥協を重ねた工事の産物だった。

それでも当時の『朝日新聞』に言わせれば「ビルの谷間に美しい曲線」であり、オリンピックのための「たくましい舞台」ということになる。[210]

また有名建築評論家も、時速50キロという速度制限に難癖を付けながらも、「ちょうど遊園地を走るジェット・コースターかなにかのように実に楽しい」と首都高に太鼓判を押していた。[211] そりゃ、一度だけ乗るなら楽しいだろうけど。

オリンピック関連道路32・6キロメートルは無事に開会式の9日前に開通し、羽田空港と都心、各種競技場が結ばれることになった。首都高の整備はオリンピック後も進められたが、長らく深刻な問題に苦しめられることになる。渋滞だ。

特に、片側2車線だった都心環状線が片側3車線だったならば、だいぶ事態は緩和されただろうと言われている。さまざまなルートから車が流入する環状線が片道2車線では、渋滞は必至だというのだ。[212]

またオリンピックは都心の「交通・インフラ格差」を生んだ。[213] オリンピック関連施設は都心から西に広がる山の手の一部に集中している。そうした地域では近代的な建物、立派な道路と下水道が整備された。一方で、オリンピックとほとんど関係がなかった下町(イースト

210 『朝日新聞』1964年1月1日朝刊。

211 川添登「オリンピック施設を評する　日本的なあまりに日本的なものの数々」『朝日ジャーナル』1964年8月23日号。

212 清水草一『首都高速の謎』扶桑社新書、2011年。

213 石坂友司・松林秀樹編『一九六四年東京オリンピックは何を生んだのか』青弓社、2018年。

東京）ではインフラ整備が進まず、その後の東京の発展にも大きな影響を与えた。

仮にオリンピックがなくても、首都高は建設されていた。招致が決まる前から、都心の道路状況は切迫していたのだ。だがオリンピックというタイムリミットがなければ、用地買収にはさらなる時間を要しただろう。

一方で、労働者が「火の玉のように」働く必要がなくなり、「戦死者」の数は減ったのではないか。また都市の景観を活かすために、首都高もより多くの部分で地下化が検討されていたかも知れない。

「安く作れる」→完成したら高くつく

当時の人々が首都高の完成を急いだのは、羽田空港と都心とのアクセスを確保するためだった。同じように、実質的に1年4ヵ月の突貫工事で作られたのが、羽田と浜松町を結ぶ東京モノレールだ。

成田空港のない時代、海外からの旅行者は羽田を使っていた[214]。しかし京浜急行電鉄の旧羽田空港駅は今の天空橋のさらに西の非常に小さな駅で、空港利用者のことはあまり想定されていなかった[215]。

結局、バスやタクシーを使う人が多く、都心への道は渋滞に苦しめられていた。このままではオリンピックに訪れる大量の外国人を捌ききれない！　そこで東京モノレールの計画が

214　成田国際空港の前身、新東京国際空港の開港は1978年のことだった。

215　旧羽田空港駅は1991年まで存在したものの、非常に小さな駅だった。空港ターミナルまでは連絡バスがあったものの、マイクロバスが往復していただけで、ほとんど空港アクセスには使われていなかった。

持ち上がったわけだ。

モノレールの最大のメリットは建設費が安くて済むことだ。原理的には空中に1本のレールさえ走らせればいいのだから、線路幅は狭くていい。また専有面積が小さいので道路の上にも建設しやすいし、ゴム製タイヤだから多少の勾配も問題ない。

東京モノレールを地上から見上げると、その華奢な姿にびっくりする。芝浦アイランドのあたりを歩いていて、急に頭上をモノレールが通ったものだからびっくりしたことがある。細い軌道がモノレールのものだとは思わなかったのだ。

首都高と同じくタイムリミットのある建設工事。運輸大臣からモノレールの鉄道敷設免許が交付されたのが1961年末のことだった。しかし全員が協力的だったわけではない。東京都は「首都高があるからモノレールなんていらないでしょ」という立場だった。また当初は羽田から新橋をつなぐ計画だったが、地元住民から猛烈な反対にあっていた。

用地買収の手間を考えて、モノレールは運河の上を走ることが計画されたが、芝浦運河の倉庫・海上輸送業者からは大きな反対運動が起こってしまう。支柱が邪魔で商売にならないというのだ。

このような逆風に遭いながらも、1963年5月に起工式が執り行われ、1964年8月にはようやく用地の権利関係が全て解決する。開業は同年9月、オリンピック開幕は10月だから、本当にギリギリでモノレールは完成したのだ。

開業当初は、オリンピックムードと物珍しさから、休日には一日5万5000人がつめかけ、浜松町駅に長蛇の列ができたこともあったという。しかし、オリンピック後、利用者は激減し、1964年末には一日の利用者が2000人を割る日もあった。

まあ、当たり前だと思う。まず料金が非常に高額だった。国鉄の初乗りが20円の時代に、モノレールは何と片道250円。今の感覚でいうと1500円くらいだろうか。確かに高い。

建設費の安さがウリだったはずのモノレールだが、海上工事や、オリンピックに間に合わせるための終夜工事のため建設費が膨れあがっていたのだ。最終的に建設費は211億円を超え、公式社史の『日立運輸東京モノレール社史』でさえ「モノレールの建設としては非常に高価なものとなった」と認めている[216]。

恋人たちが夜景を楽しめるように、夜間消灯のモノレールを走らせたり、運賃を下げたり、必死の営業努力は続いた。しかし当時はまだ庶民が気軽に飛行機になんて乗れない時代。羽田に用事なんてなかった。その後もしばらく、東京モノレールは赤字に苦しめられることになる。

「未来の乗り物」に今あえて乗ってみた

久しぶりに浜松町駅から東京モノレールに乗ってみることにした。ホームには、2014（昭89）年にデビューした新型車両が待っていた。座席幅に余裕があり、荷物の多い外国人

216 日立運輸東京モノレール株式会社社史編集委員会編『日立運輸東京モノレール社史』日立運輸東京モノレール、1978年。

観光客の需要にもマッチしている。

だが驚いたのはバスのように各車両内に段差があること。これは建設当時に工費を抑えるために、トンネル径を小さくしたことの後遺症。トンネルに合わせて車両も小さくしたため、タイヤ収納部分を段差にせざるを得ないのだ。

浜松町駅を出発したモノレールは、時には海上を通りながら、東京湾岸を南下していく。

東京モノレール

ちょうど黄昏時に乗ったため、少しずつ夕闇に包まれていく東京湾を見ることができた。そんな旅情に浸ろうかと思っていると、モノレールがすごい勢いで横揺れを始めた。下手したら飛行機の揺れ方よりも激しい。今すぐにシートベルト着用サインが点灯してもおかしくないレベルだ。

モノレールは構造上、揺れを克服するのが難しい。ＳＮＳなどを検索すると、毎日のように東京モノレールの揺れに関してつぶやかれている。「揺れが激しくてスマホ画面を正視できず」「それにしても揺れが激しすぎる！」「激しく酔った」「ビッグサンダーマウンテンかと思った」という具合だ。国内最速の時速80キロメートルというスピードだけある。開業60年を過ぎてもなお、新鮮な揺れを乗客に提供できているのは偉業と言ってもいい。

モノレールは首都高と併走するように京浜運河を進んでいく。団地と倉庫の隙間を縫うように進む車窓からの風景は近未来を思わせる。現代人からしても充分に「近未来」なのだから、１９６４年の開業当時の人々は、モノレールをまさに未来の乗り物だと思ったはずだ。

１９６０（昭35）年に科学技術庁監修のもと出版された未来予測『21世紀への階段』で、モノレールは「空飛ぶ電車」と表現され、21世紀には時速３００キロメートル以上のスピードで日本中を走りまくっていることになっている。[217] 市街地のビルからビルの移動がモノレールで済む一方、東京と大阪もモノレールによって1時間以内に結ばれているというのだ。ＪＲ東海が社運を賭けて２０４５（昭120）年全線開業を目指すリニア中央新幹線よりも速い。

217　科学技術庁監修『復刻版　21世紀への階段　40年後の日本の科学技術』弘文堂、２０１３年。「無輪高周波」が可能にする技術だと書かれているので、リニアモーターカーに近いものを想像していたのかも知れない。ちなみにモノレールの普及で、１９７０年までに地下鉄は消滅しているはずと予言されていた。

浜松町駅から約20分をかけてモノレールは羽田空港に着いた。モノレール、たまに乗るには楽しい。東京湾岸の空中を浮遊していく感覚が味わえるのはモノレールならではだろう。しかし仕事で毎日のように使用する乗り物としてはどうだろうか。始発駅は浜松町で、乗り換えに便利とは言えない。しかも揺れる。

親会社が死刑宣告

東京モノレールの最大の欠点は、「モノレール」であることだ。当然のことながら、モノレールは相互乗り入れが不可能である。東京の交通はＪＲ、私鉄、地下鉄が積極的に相互乗り入れを進めた結果、非常に便利になった。しかし特殊な構造のモノレールは東海道線と乗り入れなんてことはできない。

実際、モノレールは乗り入れが便利な京急空港線に完敗している。京急空港線での羽田空港駅利用者は、東京モノレールの2倍以上だ。品川駅から国内線ターミナルまで最速14分というエアポート快特もあるし、銀座や浅草エリアまで一本で行くこともできる。

東京モノレールの親会社であるＪＲ東日本も、自ら東京モノレールに死刑宣告を出すような計画を打ち出している。羽田空港と都心を結ぶ羽田空港アクセス線を整備し、東京や新宿、臨海部まで一本の電車で行けるようにするプランだ。

要は、羽田空港から東京貨物ターミナルまでの約5キロメートルを新設し、そこから上野東京ラインや埼京線などに接続してしまおうというのだ。計画が実現すれば、羽田から東京駅まで18分、新宿駅まで約23分で結ばれることになる。

ものすごく便利そうだ。しかしここで浮かんでくるつっこみがある。

「だったら初めからそれを作れば良かったじゃん」

もちろん、東京オリンピックに間に合わせて交通インフラを整備したかったという当時の事情もわかる。線路を整備するには時間がかかる。だがそもそも１９６４年のオリンピックがなければ、東京モノレールの計画自体なかっただろう。そして東京モノレールがなければ、羽田空港アクセス線がもっと早く整備されていたかも知れない[218]。

新幹線は「世界三バカ」？

東海道新幹線は、首都高や東京モノレールに比べると、オリンピックに合わせて整備された交通インフラの中で、「成功」した事例と言っていいだろう。それまで7時間弱かかっていた東京と大阪間をわずか3時間で結ぶ高速鉄道が誕生したのだ。

しかし当時のメディアを見る限り、開通するまえの東海道新幹線は、首都高やモノレールよりも評判が悪かった。やはりここでも問題になったのは、用地買収の難しさだ。

『文藝春秋』１９６４年9月号では、用地買収係だった国鉄職員の悲哀が綴られている[219]。彼によれば新幹線の線路には「用地屋と呼ばれた私たちの喜び、苦労、悲しみが埋っている」

218　羽田空港アクセス線の開業目標は２０３１年度。

219　佐村芳之「特集　超特急は突っ走る　用地屋は悲しからずや物語」『文藝春秋』１９６４年9月号。

といい、さらに「五万をこえる地主など関係者の嘆きもそこにある」と後ろめたさを隠さない。

たとえば、岐阜県にあった弘文天皇系の神社の移転は難航をきわめた。弘文天皇といえば、672年に起きた壬申の乱における敗者だが、そのすぐ側には勝者である天武天皇系の神社があった。しかしそちらは用地買収の対象ではない。たまったものではない弘文系の神社は、天武系の神社を壊して新幹線を走らせろと猛抗議をした。結局、4ヵ月に及んだ交渉の末、何とか移転にこぎ着けたのだという。

一方で、土地ブローカーによる買いあさりも起きていたようだ。どこかから聞きつけた建設予定地をあらかじめ入手し、国鉄に高値で売るという手法だ。各地で「新幹線成金」が現れたらしい。ギリギリまで交渉に難色を示し、買収金額をつり上げる人も多かった。彼らは物わかりの悪い奴が得をするという意味で「ゴテ得」と呼ばれた[220]。

実際、東海道新幹線の建設費は膨れあがっていた。用地買収費だけで600億円がかかり、総工費は3800億円に達した。1725億円と予定されていた額の、実に倍である[221]。

東海道新幹線を戦艦大和になぞらえるような論考もあった。

作家の阿川弘之（昭-6）は、今や飛行機と自動車の時代であり、鉄道が斜陽産業になっていることを指摘した上で、もっと他のお金の使い道があったのではないかと述べる。そして戦艦大和、万里の長城、ピラミッドという「世界の三バカ」に続かないようにと警告してい

220 首都高や東京モノレールは、用地買収を避けたことにより工期と工費だけではなく、世間の批判もかわしたことになる。

221 ちなみに、旧国立競技場は、着工時には工事費や土地買収費などをいれて予算が約13億円と発表されていた。1958年のアジア競技大会に合わせて建設されたものだが、いざ完成してみると、総工費は約30億円。ザハの新国立競技場の時もそうだったが、きちんと予算を立てられないのはお家芸らしい。

リニア・鉄道館内の新幹線

たという。[222]

このような不安をよそに、東海道新幹線は世界でも有数のドル箱路線へと成長した。２０２４（昭99）年には開業60周年を迎えるが、のべ利用者は70億人を超えるという。

新幹線は「昭和」の産物

実際、世界的に見ても、東海道新幹線は非常に成功した交通機関と言えるだろう。

それはアメリカと比べるとよくわかる。首都ワシントンD.C.とニューヨークの直線距離は約３２０キロメートルである。おおよそ東京から名古屋間に近い。だがD.C.からニューヨークまでを列車で行こうと思うと、高速鉄道のアセラ・エクスプレスでも3時間ほどかかる。

しかも運行本数は平日で10本程度。料金は変動制だが、安い席で1万円、高い席は7万円を超えることもある。ちなみに東京モノレールを笑えないくらい大揺れする区間があり、トイレに行くのも一苦労だ。[223]

222　北見進「東海道新幹線への疑問〝夢の超特急〟は必要か?」『日本週報』１９５９年2月5日号。

223　アセラ・エクスプレスは日本の感覚でいうと飛行機に近い。ファースト・クラスでは温かいだけの食事も提供される。

一方で我らが東海道新幹線は、東京から名古屋まで最短1時間34分で結ぶ。運転本数は平日で３００本以上、料金は自由席で約1万円、グリーン車でも約1万４０００円。さらに日本の鉄道に共通することだが、定時運行率がきわめて高い。

阿川弘之による「世界の三バカ」になるという見立ては完全に外れた。当時は自動車が世界を席巻していくと考えられていた時代で、鉄道は時代遅れの乗り物だと見なされていたのである。

だが現在、世界的な環境意識の高まりにより、阿川が次世代の乗り物だと考えた「飛行機」と「自動車」には逆風が吹き、むしろ列車の価値が見直されている。

それでも東海道新幹線が「昭和」の産物だと思わざるを得ない特徴がある。あまりにも予約システムがお粗末なのだ。これはＪＲ東海に限らず、日本の鉄道全体に言えることだが、ＩＴへの対応が非常に遅れている。

たとえばＪＲ東日本の「えきねっと」は夜中にまったく使えなくなる。東海道新幹線の「エクスプレス予約」も機能が制限される。日本の利用者はあまり困らないかも知れないが[224]、時差のある海外からの予約は不便だろう。[225] 甚だ時代錯誤だが、伝統を大切にしているのかも知れない。何せお金はあるのだ。

ＪＲ東海はリニア中央新幹線を自力で建設できるくらい東海道新幹線で稼いだ。ということは、そのお金をリニア用に貯めずに、東海道新幹線の値下げにも使えたのではないか、と

224　東北新幹線の当日チケットの予約を変更するためだけに、朝5時に起きたことがある。

225　ドル箱路線のため、近年まで顧客志向とはほど遠いサービスが目立った。21世紀になっても意味のない車内検札を実施していたし、スーツケース置き場も整備されていなかった。車内検札はようやく２０１６年に廃止された。また「特大荷物置場」が設置されたものの、事前予約が必要だったり外国人観光客にはわかりにくい仕様となっている。

疑いたくもなる。

また高い安全性を誇る新幹線だが、建設までに亡くなった人は多い。静岡県湖西市に建てられた東海道新幹線建設工事殉職者慰霊碑には、実に210人の名前が刻まれている。あの黒部ダムの労働災害による殉職者、171人を超える人数だ。国鉄職員の6人以外は、請負業者の従業員だという。

首都高と同様、「オリンピックまでに完成」というプレッシャーがなければ、より安全な工事ができたのではないかと、どうしても思ってしまう。

2 もし東京オリンピックがなかったら

終わると記憶は塗り替えられる

今でこそ日本の輝かしい出来事として想起される1964年の東京オリンピックだが、開催前には反対意見も少なくなかった。[226]

1961年にスタートした「オリンピック10円募金」は国民から広く協力を得るはずが、なかなかお金が集まらなかった。実際1962年に実施された都政調査会の世論調査によると、東京オリンピックに対して「大いに賛成」という人は38％しかいなかった。

226 佐藤卓己『輿論と世論 日本的民意の系譜学』新潮選書、2008年。

同年に総理府が実施した調査でも、オリンピックの開催時期を「昭和39年秋」と正確に回答できた人は全国で42％、東京でも54％しかいない。また「東京大会はりっぱにやれるだろうと思いますか」の問いに「りっぱにやれる」と答えた人は全国で23％、東京で10％に留まった。一方で東京都民の実に73％が「心配だ」と答えているのである。

上から「挙国一致」の大号令をかけるも、決して全国民がそれに納得していたわけではない、というのは戦争と類似した構図でもある。

しかしいざオリンピックが開催され、目立ったトラブルもなく会期が終了すると、それは「世紀の大事業」として記憶されることになる。

かつてはオリンピック開催に批判的だったという小説家の石川達三（昭-21）は、開会式における「航空自衛隊機が空にえがいた五色の輪が、夢のように美しかった」といい、選手たちの入場行進には涙を禁じ得なかったという。そして「戦争によって疲弊しつくした日本」が約20年でここまで復興したことに関して「日本人はそれだけの能力を持っていたのだ」と感嘆する。[227]

この石川のような意見が、オリンピックに対する「公式記憶」のようになっていく。そして、首都高や東京モノレールといったインフラに関しても、「他にあり得た姿」が想起されることがなくなってしまった。

こうしてオリンピックの輝かしい記録や記憶ばかりが語り継がれる中で、オリンピックに

227 『朝日新聞』1964年10月11日朝刊。

よって命や仕事を失った人々の存在は忘れ去られていった。

東京オリンピックがなくても……

首都高、東京モノレール、東海道新幹線にいちゃもんをつけてきた。別に僕も、1964年の東京オリンピックが全くの無駄だったと言いたいわけではない。東京オリンピックのレガシーはよく活用されていると言っていいだろう。

たとえば1964年に完成した国立代々木競技場や日本武道館は、音楽ライブでは欠かせない場所になっている。浜崎（はまさき）あゆみ（昭53）のように、勝手に代々木を「聖地」と呼んでいるアーティストもいる。

また、全国で盛んなママさんバレーの起源も東京オリンピックだと言われている。「東洋の魔女」に触発された女性たちが全国でチームを結成したのだ。このようにオリンピックをきっかけに根付いた市民スポーツは多い。

ただし、いたずらに東京オリンピックを賛美するのも危険だ。東京オリンピックが開催された1960年代は、日本の高度経済成長期に重なる。毎年約10％もの経済成長率を記録する、少し前の中国のような状態だった。給料は毎年のように上がり、テレビや冷蔵庫、洗濯機などの家電がどんどん各家庭に普及していった。

なぜそのような経済成長が可能になったのか。

一つは「人口ボーナス」の影響だ。元気な働き手が多く、子どもや高齢者が相対的に少ない時期のことである。

人口ボーナス期は、高齢者が少ないので社会保障費が安くて済むし、子どもも多くないので教育費はかからない。一方で、元気な労働者がたくさんいるから賃金が安くても人は集まる。現役世代の消費と税収にも期待できる。つまり、経済成長にぴったりの時期なのだ。日本では1955（昭30）年から1990（昭65）年くらいまでがこの人口ボーナス期にあたる。

そしてもう一つは冷戦の存在が大きい。アメリカなど一歩先行く先進国では製造業の衰退が始まっていたが、それを肩代わりする国が日本くらいしかなかったのだ。東側陣営の中国は世界市場には参入していなかったし、韓国や東南アジア諸国は親米独裁政権だったため政情も不安定で教育水準も低かった。そんな中、日本が「世界の工場」として活躍できたわけだ。

東京オリンピックがなくても、東京を含めた日本は同じように高度成長をしていたはずだ。たまたま日本の経済成長期にオリンピックが開催されたに過ぎない。首都高や新幹線の建設が遅れたり、東京モノレールが誕生していなかった可能性もあるが、それはそれで悪くない東京ができあがっていたのではないか。

そもそも、東京が「いい街」になったかどうかにはさまざまな評価があり得る。作家の小林信彦によれば、オリンピックによって東京は「町殺し」の完成をみたという。[228]

228　小林信彦・荒木経惟『私説東京繁昌記』ちくま文庫、2002年。「町殺し」は建築家の石山修武（昭19）から着想を得た概念で、本書では小林が引用した石山の文章も参考にしている。

東京には、江戸の町を殺したという後ろ暗さがある。その親殺しにも似た原罪意識が、東京に悲しく暗い影響を与えている。特に、強引な道路計画とグロテスクな高速道路建設といったオリンピックに向けての開発によって「町殺し」は進行してしまった。

小林の述懐は、ただの懐古主義なのだろうか。確かに都市開発によって東京の利便性は高まり、公衆衛生も改善された。だが開発の方向性によっては、東京がより魅力的な街になっていた可能性を忘れてはいけないだろう。

3　呪いの2021年オリンピック

できもしないのに「お・も・て・な・し」

あの熱狂を覚えているだろうか。2021年に新型コロナウイルス流行下に開催された通夜のようなオリンピックではない。その招致活動である。

2006（昭81）年、東京都議会でオリンピック開催招致が決議された。2016（昭91）年夏季オリンピックの招致が目指されたのである。東京は最終プレゼンテーションまで残ったものの、リオデジャネイロの開催が決まり、落選。続く2020年夏季オリンピックの招致が次なる目標となった。

東京は、マドリード、イスタンブールと共に正式立候補都市に選出され、本格的な誘致活動が始まった。日本は国内支持率の低さが課題となったため、信じられないほど暑苦しいキャンペーンが繰り広げられることになった。

まずスローガンが「今、ニッポンにはこの夢の力が必要だ。」だった。招致委員会のウェブサイトにはスポーツ選手やタレントたちのオリンピック開催を目指す暑苦しいメッセージが、所狭しと並んでいた。

「日本に目標を！　目標をもって進むことがいかに大切か。」「日本中にひとつになる喜びを！　あの一体感こそ今の日本に必要です！」「日本をひとつのチームにしたい！」「子供たちに夢を！　自分がそうだったように。」「夢は実現しないと！」

当時はまだ２０１１（昭86）年の東日本大震災の記憶が生々しく、復興五輪ということが一つのテーマとなった。つまり今回の大会は「東京のためだけではなく、私たちのニッポンのため」の「ニッポン復活オリンピック」にする必要があるというのだ。

何でもこのままだと、「この国は世界から忘れられてしまう」らしい[229]。だから「今何かをしなければ」「未来や子供たちの自信を奪うことになる」。そこで「夢をくれる」「力をくれる」「経済に力をくれる」オリンピックを「東京」ではなく「ニッポン」に呼ぶ必要があるのだと、でっかいフォントで書いてある。

中学2年生が真夜中に作詞したみたいなメッセージは、まだまだ続く。

229　そんなわけない。

招致アクションを活性化させるためには「ひとりひとりの正しい気持ち」を「ニッポンの力」にする必要がある。そうすれば「私たちの心に火がともり」「日本を熱くひとつにする炎になる」。

多分、このコピーを書いた人も、今になって読むと恥ずかしくて仕方がないのではないだろうか。だがそれがあの頃（昭和80年代後半）の雰囲気だったのである。

暑苦しさの集大成が、２０１３（昭88）年にブエノスアイレスで開催された国際オリンピック委員会総会の決選投票である。

決選投票を前に、内閣総理大臣だった安倍晋三（昭29）や滝川クリステル（昭52）らが決死のプレゼンテーションを行った。不機嫌な表情を崩さないことで定評のある猪瀬直樹（昭21）までもが、精一杯の微笑で東京の「ダイナミック」ぶりを独自のアクセントで力説していた。

滝川クリステルの「お・も・て・な・し」という呪文が効いたのか、東京は２０２０年にオリンピックの開催都市に選ばれた。この国の「２０２０年」という近未来に、一つの締め切りが出現することになった。[230]

東京都の真っ赤な嘘

だがオリンピックの準備は一筋縄ではいかなかった。新国立競技場とエンブレムの撤回騒

230　未婚者の一部は「２０２０年までに結婚」を意識することになり（東村アキコ『東京タラレバ娘』1巻、講談社、２０１４年）、高齢者の一部は「２０２０年まで生きてオリンピックを観る」ことが目的の一つとなった。

動、建築家ザハ・ハディドの死去、誘致の裏金疑惑などのスキャンダルが頻出した。巷では「呪いのオリンピック」と囁かれていたが、「呪い」の真骨頂は2019（昭94）年末に訪れた。オリンピック開催まで約半年という時期である。

中国の武漢から新型肺炎の流行が始まっていたのだ。2020年1月には武漢市でロックダウンを実施、3月にはWHOがパンデミック宣言を行った。そして東京オリンピックの開催が2021年夏を目処に延期されることが決まる。あの招致活動の時の暑苦しさはすっかりと消え、この国は重い不安に包まれた。

実は日本にとって新型感染症の流行は未曽有の事態ではなかった。[231]世界的に新型インフルエンザ発生のリスクが高まったことを受けて、21世紀初頭より議論が重ねられていたのだ。早くも2005（昭80）年には「新型インフルエンザ対策行動計画」では一日当たり「最大10万1千人」の入院患者を想定したプランが策定されていた。[232]

2013年には新型インフルエンザ等対策特別措置法が施行され、「新型インフルエンザ等対策政府行動計画」が定められ、大規模なパンデミックを想定した上で、感染症対策の具体的なプランがまとめられていた。[233]

一連の議論では、いくつかの方針が示された。まず「国民の権利と自由に制限を加える場合は必要最小限とする」こと。そして万が一「外出自粛等の要請」をする場合も期間は「1、2週間程度」とするという点だ。

231　古市憲寿「新型コロナウイルス感染症対応に関する有識者会議　コメント」2022年。

232　鳥インフルエンザ等に関する関係省庁対策会議「新型インフルエンザ対策行動計画」2005年12月6日。

233　「新型インフルエンザ等対策政府行動計画」2013年。

だが実際には、2020年4月7日以降、約1年半にわたって複数回の緊急事態宣言が発出されることになり、長期間、日本国住民の私権が著しく制限されることになった。「行動計画」は机上の空論、というか真っ赤な嘘だったのである。各都道府県も「行動計画」を策定しているが、東京都では都民の30%が罹患、一日の新規入院患者数3800人、一日の最大必要病床数2万6500床という想定をしていた。[234] これは「医療崩壊」が叫ばれた時期よりも、はるかに多い患者数である。

東京都は「行動計画」で嘘をついていたことを謝るどころか、営業時間の短縮要請に応じない飲食店のうち、恣意的な基準で27店舗を選び、特措法に基づく命令を出し、過料手続きに入った。

また「人流抑制」という名目で、ラグジュアリーブランドに対して、百貨店での売り場を休業するように要請までした。[235] 戦時中の「贅沢は敵です」を彷彿とさせる根性論でコロナを乗り切ろうとしたわけである。[236]

後世の人には信じてもらえないだろうが、「東京アラート」と銘打ってレインボーブリッジを赤く染め上げたこともある。東京都は、ウイルスの流行が拡大しかけた時に、独自の警戒宣言を発令することを決めた。その際、首都高に協力を仰ぎ、20時から24時にかけてレインボーブリッジを赤色で点灯することにしたのだ。

234 「東京都新型インフルエンザ等対策行動計画」2013年策定、2018年改定。

235 「三越伊勢丹と松屋も「高級ブランド」再び休業 都からブランド側にも要請」『WWD JAPAN』2021年5月21日。

236 「人流抑制」という名目によって、あらゆる分野における私権が、政治家によってきわめて恣意的に制限されてしまう危険性を示している。

嘘を自画自賛する尾身茂

政府による感染対策には、専門家会議が大きな影響力を持ったが、彼らは必ずしも「科学的」な議論ばかりをしていたわけではない。

たとえば「コールセンターの人たちは朝、みんなで集まって発声練習をするらしいです」「コールセンターで働いている人は、結構バンドをやっている人が多いのです[237]」「名古屋は同調圧力が大変強い。だから、社長でもサラリーマンでも、家族から今は危ないから繁華街に行くな、と言われれば、みんな控える[238]」といった具合である。

専門家たちは2021年夏に延期された東京オリンピックにも異議を唱え始めた。西浦博（昭52）は、週刊誌においてオリンピックのさらに1年延期を提言する[239]。尾身茂（昭24）も、オリンピックの開催に関して、「今の状況でやるというのは普通はない」と発言すると同時に、「開催の規模をできるだけ小さくして管理の体制をできるだけ強化する」必要性を述べた[240]。そして尾身ら専門家有志が「東京オリンピック・パラリンピック競技大会開催に向けての感染症リスク評価」を提出、無観客が望ましいと提言する。

結局、政府は専門家の提言に従うかたちで、オリンピックを無観客開催とした。7月23日の開会式は、予算不足も相まって通夜のような式典となった。

だがオリンピックが終わってからしばらくが経ち、雑誌の取材に応じた尾身は信じられない発言をしている。「観客を入れても、私は、会場内で感染爆発が起きるとは思っていませ

237　新型インフルエンザ等対策有識者会議　基本的対処方針諮問委員会第1回議事録、24-26ページ、2020年3月27日。
238　新型コロナウイルス感染症対策分科会第11回議事概要、13ページ、2020年10月15日。
239　『週刊文春』2021年4月22日号。
240　第204回国会衆議院厚生労働委員会、2021年6月2日。

んでした」というのだ。それにもかかわらず「観客を入れたら」「国民に求めていることと矛盾したメッセージを送ることにな」ると、無観客開催を「良い判断」だったと評価する[241]。つまり無観客開催は、オリンピックによる感染爆発そのものではなく、「国民」に与える影響を考慮しての発言だったと認めている。

この発言からわかるのは、尾身が「専門家の皮を被った政治家」だったという点だ。本来、選挙で選ばれたわけではない感染症の専門家たちに、政治的な決定をする権限はない。あくまでも専門家は、感染症対策という観点からの助言が期待されていた[242]。だが尾身は「国民」の影響を考慮したというのだ。それは感染症の専門家としての一線を越えてしまったと言わざるを得ない。

そもそも尾身は、新型コロナウイルスの流行と共に急に引っ張り出された人物ではない。2012（昭87）年から新型インフルエンザ等対策有識者会議の座長を務め、新型コロナ以上のパンデミックを想定した「行動計画」策定にも中心的に関わっているのだ。

さらに2014年からは、全国に50以上の病院を運営する地域医療機能推進機構（JCHO）の理事長も務めている。つまり「現場」にも「会議室」にも精通した責任ある人物だったわけだ。もしも彼が何の準備もなく新型コロナウイルスの対応を任されたのなら同情の余地がある。だがむしろ尾身は次なるパンデミックに備える活動の中心人物だったのだ。

古くは哲学者オルテガ・イ・ガセット（昭-43）が、近代社会において「科学者」や「専門

241　尾身茂（聞き手：牧原出）「新型コロナ分科会会長が語る菅政権がコロナに敗北した理由」『中央公論』2021年11月号。

242　2020年6月の時点で、尾身たち自身が、専門家会議が「前のめり」になってしまったと総括していた（新型コロナウイルス感染症対策専門家会議構成員一同「次なる波に備えた専門家助言組織のあり方について」2020年6月24日）。この総括は全く活かされなかったことになる。一方で政治家たちも自らの意志決定を避け、「専門家」の決断を重視するというポーズを取り、責任の所在を曖昧にし続けた。

家」が専門的知識に固執し、「大衆人の典型」「近代の野蛮人」になる危険性を指摘していたが[243]、政策決定に専門家が関わりすぎることには大いに問題がある。

通常、科学者の主張は、ジャーナル共同体において、論文の査読といったかたちで妥当性が保証される。しかし公共政策に科学が用いられる場合、特に科学者の間でも真理境界が定まっていないような議論をする場合は、別の方法で妥当性の保証を模索する必要がある[244]。日本の新型コロナウイルス対策では、「飲食店」や「若者」が一つのターゲットとなったのだから、少なくとも積極的に当事者の声を聞くべきだった。

「真夏の大冒険」の終わり

無観客での開催となったものの、テレビでは連日のようにオリンピック中継がされ、「真夏の大冒険」のような流行語も生まれた。自国開催ということもあり、日本は過去最高となる27個の金メダルを獲得する[245]。

NHK放送文化研究所の世論調査によると、実に約7割が東京オリンピック・パラリンピックを「楽しめた」と回答している[246]。特に60代男性は78%、40代女性は76%が「楽しめた」と答えている。

また開催時期についての評価も聞いているが、過半数にあたる52%はこの時期に「開催してよかった」と回答した。「さらに延期したほうがよかった」は25%、「中止したほうがよか

243　オルテガ・イ・ガセット『大衆の反逆』ちくま学芸文庫、1995年。原典は1930年。

244　藤垣裕子『専門知と公共性　科学技術社会論の構築へ向けて』東京大学出版会、2003年。

245　2024年のパリオリンピックの金メダル獲得数は18個で、海外大会では最多となった。

246　斉藤孝信「人々にとって〝東京五輪・パラ〟とは何だったのか「東京オリンピック・パラリンピックに関する世論調査」より」『放送研究と調査』、2022年6月号。

った」は22％で少数派である。

そもそも招致段階においても、最も好意的な世論調査で賛成は7割に満たなかった。そう考えると、今回の東京オリンピックは熱狂こそ生み出さなかったが、大失敗とも見なされていないことがわかる。

だが、首都高やモノレール、新幹線に代表されるようなレガシーを残した１９６４年オリンピックと比べた時、２０２１年オリンピックは日本に何を残したのだろう。

この国が身の程を知ったというのは大きかったかも知れない。

１９６４年オリンピックの頃、日本人の平均年齢は29歳だった。若さゆえの大胆さがあった。

浜松町駅には、東京モノレールの始発駅の代わりに、ヘリポート建設計画があった。オリンピックに際して、羽田空港と都心を結ぶ交通手段としてヘリコプターが真剣に検討されていたのだ。どう考えても輸送量や騒音など課題が多そうなヘリコプターだが、当時の人からすれば「未来の乗り物」。一時期は東京都交通局も前向きな姿勢を示していた。

住民からの反対もあり、結果的にヘリポート用地に東京モノレールの駅ビルが建てられることになったが、「ヘリコプターで空港と都心を結ぼう」とは大胆な発想だ。今から考えれば明確に「間違い」とわかるプランが真剣に検討されていたのである。

そのような無鉄砲さは、今の日本にはない。平均年齢は48歳まで上がった。人命は重くなった。国家の威信をかけたメガイベントだからといって、汚職が許される時代でもなくなった。日本の「大冒険」はもう終わってしまったのだ。

オリンピックのために開発された新国立競技場のあたりを歩くと、空の広さに気がつく。やっぱりこのあたりに東京大仏でも建立しておいたほうがよかったのではないだろうか。[247]

247　高齢化によって急増する死者に対応するための霊園でもいい。

幕間　戦後１００年

２０４５年、戦後１００年を迎えた日本。本格的な戦争博物館と戦没者追悼施設がオープンし、Ｚ世代の総理大臣が式辞を読んでいる。東京オリンピックから24年、大阪・関西万博から20年が経過した日本はどうなっているのだろうか。どうやらそれは「幸福な階級社会」とでも言えそうな社会だった。

1　遠くなる20世紀

日本初の本格的な戦争博物館

今年、日本は戦後１００年を迎えた。西暦でいえば２０４５（昭120）年、昭和が続いていたと仮定すれば１２０年である。

政府はこれに合わせて終戦記念日として定着していた8月15日を「平和と慰霊の日」として祝日化[248]、「千鳥ヶ淵戦没者墓苑・公園（通称メモリアルパーク）」を整備、全国戦没者追悼式が開催された[249]。

靖国神社に代わる戦没者追悼施設として前世紀から構想されていた千鳥ヶ淵の拡張は戦後１００年を前にしてようやく実現したが、それでも靖国神社問題が解決することはなかっ

248　前世紀から問題になっていた日本人の労働時間の長さに対する解決策として、今世紀初頭から「国民の祝日」が増加している。２０１６年には「山の日」（8月11日）、２０３９年には「空の日」（12月23日）、２０４０年には「川の日」（7月7日）、２０４１年には「雨の日」（6月6日）が相次いで制定された。現在は温暖化によって失われゆく日本の四季を記憶するために「桜の日」「紅葉の日」などの制定が計画されている。

249　かつて戦没者追悼式が開催されていた日本武道館は、老朽化によって今年度中の閉鎖が決まっている。武道館はしばしば音楽ライブにも使われ、アイドルやミュージシャンにとっての聖地だった（朝井リョウ『武道館』文藝春秋、２０１５年）。

た。現在も靖国神社はA級戦犯の分祀を拒否、「あの戦争」を自衛戦争と見なす一部の政治家たちは靖国への参拝を続けている。

終戦記念日がニュースに取り上げられる機会は減っていた。しかしながら戦後１００年という節目の年である今年は、久しぶりにテレビで『火垂るの墓』が放送されたり、「朝まで生テレビ！」が一夜限りの復活を果たし、少なくとも「戦後」という言葉が死語になっていないことを印象づけた。

特記すべきは、メモリアルパークに「国立へいわ博物館」が併設されたことだ。かつて千鳥ヶ淵戦没者墓苑近くに存在した昭和館、しょうけい館（戦傷病者史料館）を合併・拡充するかたちで建設されたこの国初の本格的な戦争博物館である。

球体をしたこの博物館はその形が「日の丸の具現化ではないか」と高齢化した戦後民主主義者の生き残りに反対を受けながらも、無事完成にこぎ着けた[250]。

長らく日本政府は戦争博物館の建設に消極的だったが、戦争遺品の散逸に危機感を募らせた市民グループが、かつて大阪で政治家として活躍した橋下徹（昭44）らと合流して世論を盛り上げたのだ[251]。日本では各地方に独自の戦争・平和博物館があったが、管理者の高齢化によって維持が困難になった施設も多い。そこで「戦後１００年」を節目として、「戦争をアーカイブする」というコンセプトのもと、へいわ博物館プロジェクトが動き出した。

今年の全国戦没者追悼式は、メモリアルパークの開園式、へいわ博物館の開館式も兼ねて

250　開館までの経緯は、初代館長の一ノ瀬俊也（昭46）による『１００年前の戦争を記憶する』（幻冬舎アベマブックス、２０４５年）に詳しい。球体デザインばかりに反対が集まり、展示内容に関する議論がほとんど行われなかったことに著者も「拍子抜け」と述べている。

251　橋下は大阪市長時代、大阪市に戦争博物館を建設することを計画していた。

いる。ちょうど東京で仕事があったので、式典に参加してみることにした。

平成生まれの総理大臣

メモリアルパークの中心に位置する「へいわ広場」では、１９９８（昭73）年生まれで、かつてZ世代と呼ばれた平成生まれの首相が、漢字を読み間違えることもなく式辞を読んでいた。[252]参列者の98%は戦後生まれであり、戦争経験者と呼べる人はもうほとんどいない。

そんな中、戦前生まれの代表として田原総一朗（昭9）がスピーチをしていた。彼は今年、１１１歳になる。田原がしみじみと言っていたのは、「まさか戦後が１００年まで続くとは思わなかった」ということだ。彼曰く「戦後１００年」とはただの比喩ではないという。滑舌のせいか最後までは聞き取れなかったのだが、とにかく「終わらない戦後」を強調していたと思う。

空を見上げる。そして、あたりを見回す。東京の街は戦後１００年で大きく様変わりした。銀座・築地エリアのインバウンド向けの店舗では、日本語が通じない機会も増えた。ベストレストラン50やミシュランに掲載されるような高級店は、一部の富裕層と外国人向けの存在となっている。

日本という国も大きく姿を変えた。かつて1億２０００万人を超えたこともある人口は、「1億人切り」が現実的になるほどにまで落ち込んでいる。

252　後に式辞が２０３０年の戦没者追悼式のコピー&ペーストだったということが発覚し、一部の旧メディアが騒いでいた。若い世代ほどこの件に関する抵抗感は少なかったが、「コピペではなく生成ＡＩを使え」という批判はあった。

日本は、1945（昭20）年に終結した「あの戦争」以降も、何度も戦争に関わってきた。1950（昭25）年の朝鮮戦争では国連軍のために軍事基地を提供、1990（昭65）年の湾岸戦争では多国籍軍の軍事費を拠出した。さらに21世紀に入り、2001（昭76）年のアフガニスタン戦争、2003（昭78）年のイラク戦争などでは自衛隊を海外派兵している。

また2030年代には戦後初の隣国との武力衝突が起きている。国境上空での遭遇戦であり、両国ともそれを「戦争」だと認めなかったため、公式には事故ということになっている。政府発表によれば死者は発生しなかったというが[253]、「戦後」の起点を1945年に設定し続けることには無理がありそうだ。

だが確かに今年も「戦後100年」という物言いが通用し、メディアが特集を組むくらいには「戦後」は続いている。田原が強調していた「戦後が終わらない」とは果たしてどういうことなのだろう。

253　実際には死者が発生したのに政府が隠蔽したという説、交戦によって瀕死の状態になったが、その後病院で死亡したため戦死者としてカウントされなかったという説など、事件の後はさまざまな陰謀論が旧メディアを賑わせた。

メディアが伝えた戦後100年

テレビや新聞といった旧メディアは「戦後100年」を大きく伝えたが、「あの戦争」は確実に遠いものになりつつある。

NHKが実施した調査によれば、8月15日を「ポツダム宣言を受諾し、昭和天皇による玉音放送が流された日」だと正しく認識できた人は48％に過ぎなかった[254]。また、「あの戦争」

254　NHK放送文化研究所「戦後100年における平和観についての世論調査」2045年8月15日公開。

が起こったのが「昭和時代」だと答えられた人も45％しかいなかった。「日本が一番長く戦っていた国」と「真珠湾攻撃の起こった日」の正答率に至っては15％と3％に過ぎなかった。

相次ぐ学習指導要領の改定によって必修教科が減少する中で、総合国語とコミュニケーション英語に加えて、日本史だけは全ての子どもたちが学ぶことを義務づけられている。しかし「あの戦争」をどう記述するかというコンセンサスが得られていないため、学校の授業では現代史を十分に教えられていない。

約7割の小中学校の日本史の授業で、19世紀までしか扱われていないことがＮＨＫの取材により発覚し、「空白の１５０年」をどう教えるべきかという論争が続いている。[255]

そもそも、かつて「戦争」や「戦後」のことを熱心に伝えていたメディアは、衰退の一途を辿っている。40年前のジャーナリストが予想したように、新聞やテレビが消滅することはなかったが、[256]ほとんどの中小出版社は買収され、講談社や小学館集英社グループのような一部の大手出版社のみが総合メディア企業として生き残る。

新聞の総発行部数は５００万部にまで落ち込み、全盛期の10分の1になっていた。『朝日新聞』と『読売新聞』は東京・大阪を中心とするブロック紙となり、紙としての「全国紙」はこの国から消えた。また地方紙も読者の高齢化に加えて、交通網の老朽化により配達が困難になり、次々と廃刊に追い込まれている。

もっとも、「戦後１００年」である今年２０４５年にかけて、さまざまなヒット作も生ま

255　ＮＨＫスペシャル取材班『空白の１５０年　日本史をどう教えるか』小学館、２０４３年。

256　佐々木俊尚『２０１１年　新聞・テレビ消滅』文春新書、２００９年。

れた。

近年で最大の話題作は、映画化もされ大ヒットしたビジネス書『もし旧日本軍の大将がナポレオン・ヒルの『思考は現実化する』を読んだら』である。[257]転生して山本五十六（昭-42）になった主人公が、日本軍の敗北が濃厚になったミッドウェイ海戦後、記憶を頼りに『思考は現実化する』らしき本を執筆する。その本を拡大解釈して、日本軍の幹部たちが「日本は絶対に勝つ」と思い込み続け、敗戦をなかったことにするという内容だ。この本の影響で、「あの戦争」の勝者が日本だと信じている若者も増えているという。

NHKは第二次世界大戦をテーマにした大河ドラマ「零」を放映している。大河ドラマが昭和史を題材にするのは、「いだてん」以来、26年ぶりだという。

特攻隊を礼賛するような描写が多いとの批判も一部であったが、多くの評論家が「きちんと日本の敗戦を描いている。史実に忠実である」とレベルの低い絶賛の仕方をしていた。実際、このドラマを見て日本が「あの戦争」で負けたことを思い出した高齢者も多いという。還暦を迎えた二宮和也（昭58）による東条英機（昭-42）役、古希を過ぎた木村拓哉（昭47）の広田弘毅（昭-48）役は高齢者を中心に話題を呼び、最高視聴率は異例の8％を記録した。テレビがアーカイブ放送中心になってからは最高の数値である。

『世界』や『論座』など戦後の論壇を形成した雑誌も今年、1号限りの復刊を果たした。[258]1

257　浜崎冬空『もし旧日本軍の大将がナポレオン・ヒルの『思考は現実化する』を読んだら』プレジデント・ダイヤモンド社、2040年。2009年に発売され、250万部以上を売り上げた岩崎夏海（昭43）によるビジネス書のパロディ。

258　各誌とも電子版に加えて紙の雑誌も発行した。しかし全国書店数は2100店（2044年）と2000年の10分の1にまで減ってしまっているため、発行部数はそれぞれ1000部程度にとどまった。またそれぞれの雑誌を発行していた出版社はすでに存在していないため、厳密な意味での復刊ではない。

04歳の柄谷行人（昭16）、100歳の櫻井よしこ（昭20）、95歳の中沢新一（昭25）など戦後「100年」にふさわしい人物たちが原稿を寄せていた。彼らの発言内容がこの数十年変わっていないということが、未だに「戦後」が健在なのだということを印象づけた。

終わらない「戦後体制」

今年は小熊英二（昭37）の戦後史シリーズがついに完結したが、全10巻で総ページ数は1万2000ページに及んだ。[259]

かつて小熊は平成時代を、1975（昭50）年前後に成立した日本型工業社会が機能不全になりながらも、価値観の転換を拒み、問題の先延ばしのために多額の補助金と努力を費やしてきた時代だと定義していた。[260]

その指摘は100年を迎えた「戦後」にも当てはまるかも知れない。

小熊に限らず多くの論者が指摘するように、高度成長期を終えた日本は1970年代に安定的な社会制度を作り上げた。政府が重点産業を決め、経済成長こそが何よりも優先される社会である。冷戦下の中国が「世界の工場」になれない中、日本は「ものづくりの国」[261]としてその名を世界に馳せた。

そこでは男性が「正社員」[262]として会社で働き、それを「専業主婦」[263]の女性が支える。子どもたちは受験戦争に励み、「いい学校」に入ることを目指す。当時の人々は「いい学校」に

259　小熊英二『戦後』新曜社、2027年～2045年。まだ読んでいない。紙でしか出版されていないため、AIによる要約に一手間かかる。

260　小熊英二編『平成史【完全版】』河出書房新社、2019年。

261　きつい労働条件のもとで働く製造業者を褒め称えるために用いられた当時の言葉。

262　この場合の「正社員」とは、終身雇用と年功序列を条件に、会社の命令に絶対服従する人々のこと。「正社員」は主に男性であり、働き過ぎで命を落とす「過労死」が問題になっていた。

263　賃金労働に従事せずに、家で家事だけをこなす女性のこと。その割合は1970年代半ばにピークを迎え、2010年代までは若者の憧れであった。しかし物価上昇と、男性雇用の不安定化によって2030年代以降は一部の特権階級にのみ許される存在になった。

さえ入れば「いい人生」が送れると信じていたようである。

しかし、その日本型工業社会は早くも1990年代には危機に立たされていた。20世紀バブルの崩壊をきっかけに、1992（昭67）年以降は経済成長率がほぼゼロとなったのだ。

理由の一つは国際情勢の変化である。円高や冷戦終結によって、大手製造業者がアジア諸国に生産拠点を移すようになっていった。製造業の就業者数は1992年をピークに頭打ちとなり、1994（昭69）年にはサービス業の就業者数に抜かれている。

二つ目の理由は少子高齢化だ。要は、若者が減って高齢者が増えたので、国内でモノが売れなくなって、景気が停滞したのである。

日本の小売業販売額の一つのピークは1996（昭71）年である。これは全国の百貨店やスーパー、通信販売などあらゆる売上を合算したものであるが、燃料小売業を除いてそれ以降減少の一途を辿っている[264]。

また、日本国内の書籍・雑誌の販売部数は1996年、音楽CD[265]の販売枚数は1998年にそれぞれピークを迎えている。さらに、国内貨物総輸送量や酒類販売量、水道使用量も1990年代後半から2000（昭75）年頃にかけて減少に転じている[266]。

つまり半世紀前の1990年代は、人口動態的には、明らかに日本の転機であるはずだった。その時、経済的・外部環境的には確かに「戦後」は終わっていたのだ。だがそこで日本は「ポスト戦後」にふさわしい社会政策を採用するのではなく、「戦後」の復活と延命をも

264　経済産業省「商業動態統計」。
265　コンパクトディスクの略。かつて音楽を記録するために使用されていたメディア。全盛期には、実質わずか一曲を聴くために若者たちが約1000円を出してCDを買い求めていた。当時（1998年）の東京の最低賃金は時給692円。
266　藻谷浩介『デフレの正体　経済は「人口の波」で動く』角川oneテーマ21、2010年。

くろんだ。

東京オリンピックで延命した「戦後」

1990年代の経済低迷に対して、日本政府は公共事業を増やすことで対応しようとした。地方に公共施設や大型道路を次々に建設、公共事業費は1998年に14・9兆円を超えた。2000年代にその額はさすがに減少に転じていたが、2011（昭86）年に起こった東日本大震災をきっかけに再び風向きが変わった。

防災・安全という名目でさまざまな公共事業が行われていった。東北地方を中心に、高さ最大20メートルの巨大防潮堤が整備され、海の姿を変えていった。一部のマニアには「まるで『進撃の巨人』のようだ[267]」と喜ばれ、映画のロケにも使われたが、その有用性は未だはっきりしていない。

国が関与した公共事業の最たるものは、2020（昭95）年に開催されるはずだった東京オリンピック・パラリンピックである。19・4兆円もの経済効果が期待され、国を挙げての招致活動を経て、開催が目指された。しかし2019（昭94）年末より新型コロナウイルスが流行したことで、開催は延期された。2021（昭96）年7月24日の開会式は、予算削減や委員たちの辞任により、通夜のような質素な式典となった[268]。

政府の会議に参加していた感染症専門家の強い意見により、オリンピックは無観客で開催

267　2010〜20年代に累計1億4000万部を突破したヒット漫画。巨大な壁に囲まれた街で、圧倒的な力を持つ巨人と人間の攻防を描いている。人物の見分けが難しいことで有名だった。実写映画公開時（2015年）には巨大防潮堤は完成しておらず、撮影は長崎県軍艦島で行われた。昭和時代の特撮「ウルトラマン」のような映画が完成し、原作ファンの間で評価は二分、大炎上した。

268　2013年に開催が決まった頃は、多くのクリエーターたちが選挙活動のように東京オリンピックに関わろうとしていた。

されることになった。しかし8月9日の閉会式で、パリ五輪へのハンドオーバーの際、パリの人々がマスクもせずに青空の下で大はしゃぎをしていたことは、日本在住の人々に少なからず衝撃を与えた。ヨーロッパは日本よりもワクチン接種が先行していたと一応の理由は与えられたものの、その後も日本の「鎖国」政策は続くことになる。

世界の多くの国が正常化した後も、日本ではコロナ対策という名目で巨額の税金が使われ続けた。つまり東京オリンピックの代わりに、コロナ対策が公共事業として機能し始めたのである[269]。その金額は累計で100兆円を超えた。

269 中川泡姫『コロナとオリンピック』小学館、2026年。

警報大国・日本

新型コロナウイルスが流行したとされる時代に、政府はたびたび緊急事態宣言を発出、不要不急の外出の中止を呼びかけた。

コロナ時代が終わってからの2020年代半ばからは、「地震」や「台風」を理由とした警告が相次ぐことになる。きっかけとなったのは、2024(昭99)年8月8日に宮崎でマグニチュード7・1の地震が発生したことを受けて、気象庁が発表した「南海トラフ地震臨時情報(巨大地震注意)」である。

専門家は社会活動の継続を呼びかけたものの、東海道新幹線が徐行運転を決めたり、遊泳禁止の措置を採る海水浴場が出たり、観光業を中心に大きな影響が出た。

そもそも南海トラフ地震は発生確率が過大に見積もられすぎているとジャーナリストによる告発があったのだ。[270] だが戦争でもコロナでも、最も熱狂して不安を煽るのは政府ではなく大衆であり、それに追随するメディアである。

　国民の不安に応えるかたちで、2025（昭100）年以降も一定規模の地震が起こるたびに「巨大地震注意」が発令され、メディアで大きく取り上げられることになった。一部の専門家も1週間単位での地震予知は不可能だと知りながら、「注意喚起としていいことだ」と相次ぐ「巨大地震注意」を歓迎した。

　地震のみならず、台風など日本にとって馴染みがあるはずだった気象現象に対する警戒感も高まりを見せた。かつては「台風に強い」と言われた東海道新幹線は、計画運休が当たり前になった。

　また全国瞬時警報システム（Jアラート）も頻繁に発令されるようになった。北朝鮮のミサイルやロケット発射実験のたびにJアラートが発令され、日本に影響のない地点にミサイル部品が落下した場合でも警告が届くようになった。

　こうした日々増え続ける警告に関しては、政府による陰謀という意見もある。[271] すなわち本当に重要な政治課題から国民の目を逸らせるために、やたら災害や有事を騒ぎ立てるというのだ。だが僕の知る限り、今の日本の政治家や官僚にそのような知恵者も悪人もいない。素朴に国民の不安を払拭するという目的のため、ここまで警告が増えてしまったのだ。

270　小沢慧一監修『南海トラフ地震の真実』東京新聞、2023年。

271　涼宮廉『警告大国・日本』講談社現代新書、2030年。

大阪万博跡地、やっぱり廃墟に

オリンピックと同時期に計画され頓挫したのが、JR東海（当時）によるリニア中央新幹線構想である。リニア中央新幹線は、最高時速505キロ、東京から名古屋を最速40分、大阪までを最速67分で結ぶことを目指し、2014（昭89）年に着工した。当初の計画であれば今年には東京と大阪がリニアによって結ばれているはずだった。

だが、夢の超特急には多くの困難が待ち構えていた。南アルプストンネルの難工事、過大な電力使用量に加えて、大深度地下に駅を設置するため乗り換え時間を考慮するとそこまでの時間短縮にならないことなどが、着工前から問題点として指摘されていた曰く付きのプロジェクトである。

着工後は、地元の反対運動が起こり、工事は遅々として進まなかった。2037（昭112）年には山梨県駅と神奈川県駅間のみが部分開通したものの、東京・名古屋間の開通目標は2049（昭124）年となっている。大阪経済の衰退もあり、名古屋・大阪間に関しては、順延の目処も立っていない。

そもそも高齢化の進む日本ではビジネス需要が減っており、代わりに東京と京都を12時間かけて結ぶラグジュアリー夜行列車「雅」に人気が集まっている[272]。

2025年に開催された大阪・関西万博は2000万人以上が来場し、メディアでも「成

272　リニア中央新幹線の開通を見込んで再開発された品川エリアはインバウンド向けの街として賑わっている。

功」と評価されたものの、跡地開発は止まったままである。人工島には一部にリングが残されるのみで、広大な廃墟が広がっている。

1990年代以降に海外で開催された万博は、都市開発の起爆剤として利用されてきたが、なぜか大阪にはその視点が欠如していた。[273] 隣接するカジノを含めた統合リゾート頼みで、万博跡地をどう活用するかという視点が欠落していたのだ。

会場となった夢洲は後背地のない人工島であり、そもそも開発する利点の少ない場所だった。完成したカジノ施設も、絶えず街ぐるみで新しい娯楽を提供し続けるラスベガスや、本格的な賭博施設とも言えるシンガポールやマカオに比べると新味に欠け、期待されたほどの経済効果がない。

273 古市憲寿『万博後』講談社、2025年。

2 東京オリンピック後の日本社会

「老後」が訪れない社会

東京オリンピックやリニアモーターカーのような、「戦後」をゾンビのように延命させるプロジェクトによって、「ポスト戦後」に必要な社会制度の設計は時機を逸してきた。

2000年代には団塊ジュニア世代が出産適齢期を迎え、第3次ベビーブームを起こすことも可能だったが、当時の日本政府はその機会を逃した。2003年からは「少子化対策担当大臣」が設置され、政治家たちは口では「子育て支援」を訴えてきたが、それが他の政策に優先されることはなかった。

2025年頃になると「待機児童問題」という言葉が聞かれなくなったが、それは生まれてくる子どもの数が減ったため、保育園の数が追いついただけに過ぎない[274]。日本の出生数は減少の一途を辿っていた。特にパンデミックを経た2023（昭98）年には約73万人にまで落ち込んでいた。

流行当初から、新型コロナウイルスは高齢者や基礎疾患を持つ人が重症化しやすく、ほとんどの若者は罹患しても命の危険はないという知見があった。それにもかかわらず、「若者」が主たる感染源であると標的にされた[275]。

当時の日本でも、人種や性別など変更が困難な属人的要素による差別は許容されないという認識は醸成されつつあったが、「若者」という年齢集団に対する差別は例外だった。このような若者を軽視した政策が続いた後では、少子化が深刻化するのも当然の成り行きだった。

日本政府が「戦後の終わり」に向き合おうとしたのは2030年（昭105）頃だった。オリンピックや万博によってドーピングのように誤魔化してきた日本社会のさまざまな問題が露呈してきたのがちょうどこの時期である。日本の公債残高は1000兆円を超えていた。

ようやく政府は社会保障・医療・雇用の一体改革によって世代間格差の是正を目指した。

274　鈴木光宙『日本の育児政策1945〜2030』東京大学出版会、2031年。

275　尾身茂は流行当初の2020年3月2日に「若者の皆さんへ」というアナウンスを実施している。また石川県では『飲食』『若者』感染拡大特別警報」が発令されていた。

高度成長期に設計された日本の社会保障制度は「若者に頼りすぎ」の構造になっていた。

だが実際には高齢者の医療費負担を3割にするだけでも政治的に困難だった。そこで政府は段階的に「高齢者」の定義を変えようとした。かつて65歳だった「高齢者」は２０３５（昭110）年に70歳、２０４０（昭115）年には75歳にまで延長された。年金制度は名目上維持されているが、受け取れるのは原則75歳以上で、ほとんど生活の足しにならない額である。

そのため、多くの高齢者が何らかの仕事に従事するようになりつつある。いつまで経っても「老後」が訪れない社会になったのだ。最もポピュラーな仕事は、当然ながら介護である。今では珍しくない70歳のアナウンサー、80歳による90歳の介護、90歳を超えた吉野家店員も、50年前の日本では考えられないものだった[276]。

次に政府は、聖域だと考えられていた医療費抑制に取り組んだ。弱体化していた日本医師会の反対を押し切る形で、フリーアクセスの段階的廃止と高齢者向け医療の削減を実行したのである[277]。

日本は２０１０年代まで一人当たりの年間外来受診回数が世界で最も多い国の一つだった。それは誰もが自由に自分が行く病院を選ぶことのできるフリーアクセス制度があったからだ。今では信じられない話だが、当時は病院が高齢者たちの社交場になっていた。

現在では居住地に合わせてホームドクターが設置され、原則として許可なしに大学病院や専門病院に行くことはできない。もっとも大企業は独自の健康保険制度と系列病院を完備し

276　高齢者雇用の問題に真正面から取り組んだ村上龍『75歳からのハローワーク』（２０２７年、幻冬舎）は静かな話題を呼んだ。

277　衆議院本会議で強行採決が行われた際には、国会を高齢者が取り囲み、さながら２０１１年の東日本大震災後に発生した脱原発運動のような様相を見せた。一部の論者はこれを「デモの時代の再来」と評価したが、その動きは長くは続かなかった。詳しくは、柄谷行人『群衆論』岩波新書、２０３２年。

ているし、富裕層向けの健康保険も充実した。かつての国民皆保険制度は有名無実化しつつあり、貧富の差が受けられる医療の質を分けることになった。

安楽死ブームと家族の再生

2039（昭114）年には、実質的な積極的安楽死が合法化された上で、その費用の全額が国によって補償されることになった[278]。粉末状の鎮静麻酔薬を飲むだけで、患者は5分程度で眠りにつく。その後、呼吸が浅くなり昏睡状態へと移行、30分程度で死に至る。

積極的安楽死制度は開始前こそは大きな反対を呼んだが、いざ実施されてみると拍子抜けするほどすぐに社会に受け入れられた。それは、これらの制度が皮肉にも日本人を「家族の崩壊」から救ったからである。

2000年に運用が開始された介護保険制度が段階的に切り詰められる中で、介護と家族にまつわる事件が増えていた。介護に疲れた家族たちによる虐待、親族間の殺人や一家心中が社会を揺るがす問題になっていた。

10代の頃から祖母の介護に関わり、30代で母の介護に従事、50代には夫の母の介護、70代には夫の介護といったように、一生を介護で終えていく「生涯介護者」「パーマネントケアラー」という存在さえも生まれ始めていた[279]。

そんな家族にとって、安楽死はまさに福音のような存在に映った。家族間の虐待・殺人事

278　国の保険によって安楽死を選択した場合、死後の臓器提供が義務づけられている。それを拒む場合の安楽死は全額自己負担となる。これは「死の前の平等」に違反する制度だとして、現在も安楽死の全面無償化・臓器提供の非義務化を目指すNPOによる裁判が続いている。

279　2010年代から「ヤングケアラー」といって家族の介護に関わる若者たちが一部メディアに取り上げられていた。「生涯介護者」同様、彼らは決してマジョリティではないが、石田衣良（昭35）の小説により一気に注目を浴びることになった。

件は減少し、長らく日本の人々を苦しめていた介護問題に画期的な解決策が生まれたのである。[280]「家族の再生」がキーワードとなり、保守的な政治家ほど安楽死制度を絶賛する傾向にあった。

もちろん本人の同意が前提の制度であったが、家族からの無言の圧力に負けて安楽死を選ぶ事例も頻発した。２０４２（昭117）年には、「尊属殺人」ならぬ「忖度殺人」が流行語となった。

安楽死は若者の間にも広がっていった。「姥捨て山」批判を避けるために年齢制限を無くし、またいかなる理由であっても安楽死を選択できるようにしたためだ。２０４１（昭116）年には一世を風靡した女性アイドルが「二度と生きたくなくなるほど気持ちいい」という感想を漏らしながら安楽死の様子を動画配信、ブームに火をつけた。

もともと日本は年間自殺者数が3万人を超える国だったが、安楽死の合法化以降はその数がどんどん減っていった。安楽死には、医療や経済面からのカウンセリングが義務づけられていて、結果的に衝動的な自殺を減らしたのではないかという評価もある。

金銭に苦慮して自殺を考えていた人は、自己破産や個人再生など法的整理で解決できるケースがほとんどだ。また人間関係に悩む人にはＡＩカウンセラーの公費補助、精神的なトラブルを抱える人には「社会的処方」として博物館や美術館の招待状が提供されたり、自殺対策も洗練されつつあった。

280　もちろん安楽死の全面解禁に肯定的な意見ばかりではなかった。解禁に至るまでには長い年月がかかり、世論も大いに揺れたが、その中でも影響力を持った著作に、上野千鶴子『続・おひとりさまの最期』（法研、２０２８年）がある。その後、上野自身がなかなか死ななかったため、『おひとりさまの最期』はシリーズ化された。

２０４４（昭119）年の自殺者数は２０００人にまで減少したが、代わりに安楽死選択者の数は30万人に及ぶ。

経済的徴兵制で大学へ

かつて日本は失業率がきわめて低い社会であった。１９５０年代から１９９０年代まではなんと約２％で推移し、２０１０年代になってもその割合は最大で約５％に留まっていた。また若年失業率も10％以下で推移していた。

２０１２（昭87）年に国際交流基金の招待でロンドンに行った時のことだ。日本の若者について発表をしたのだが、険しい表情で若年失業率が10％と発言して、ギャラリーをぽかんとさせたことがある。当時からスペインやギリシャなどの南欧では若年失業率が50％を超えており、日本の状況が奇異に映ったらしい。

１９９０年代から日本では「フリーター」[281]や「ニート」[282]など若年雇用の危機が叫ばれていたが、彼らをその親たちが支えていたことによって、若者たちの貧困が顕在化することはなかった。つまり団塊の世代を中心とする日本史上最も豊かな人々が、若者たちの福祉代わりになっていたのである。

しかし余裕のない親世代が増える中で、問題になったのは学費の高騰である。

国立大学の授業料は１９７５年には４万円程度だったが、２０００年代には50万円を超

281　「正社員」以外の就労形態で生計を立てている人のこと。「正社員」が一般的だと思われていた１９８０年代に誕生した言葉だが、「正社員」が死語になる中で徐々に使用されなくなった。

282　働いてもいないし、就業訓練も受けていない人のこと。世界的に「ニート」が珍しくなくなる中で、死語になっていった。

え、学費自由化が解禁された2035年には300万円を超える大学も出現した[283]。

だが大きな問題は起こっていない。かつては高校卒業後、「やることが決まらないから大学へ行く」という若者も多かったが[284]、大学は富裕層と成績優秀者のみが進学する場所となった。大学進学率は2032（昭107）年に記録した62％をピークに減少し続け、現在は38％程度にまで下がっている。

若者のみならず社会全体が、大学進学のメリットのなさに気付いたからだ。

21世紀初頭の日本では大学進学率こそ高かったが、必ずしも企業は大卒レベルの専門性を求めていなかった。同様に多くの大学も、高度な専門教育を提供できていなかった。日本の大学は欧米でいう「ギャップ・イヤー」としてしか機能していなかったのだ。

少子高齢化の進む日本では、若年層を巡る労働力の奪い合いが起きている。近年、新成人の人口は70万人程度で推移している。半世紀前に200万人を超えていたのが嘘のようだ。2020年代後半から「採用氷河期」が流行語となり、若者にとっては業種を選ばなければ就職が難しい時代ではない。

その分、ミスマッチが深刻になりつつある。かつて大学進学者の就職先だったホワイトカラー、特に弁護士や会計士などの専門職はＡＩに置き換えられた。一方で、ＡＩに比べるとロボティクス分野の進化が遅いこともあり、介護職や保育職などのケア労働は未だに人間の仕事である。

283　2024年の時点で慶應義塾大学の塾長は、国公立大学の学費を年間150万円程度にすべきと提案していた。

284　1990年代から2010年代にかけて、「自分探し」という言葉が流行していた。自分を探しに行くためにタイやカンボジアなどアジア諸国を旅する若者も多かった。現代の若者にとってアジアとは働きに出るための場所である。

最も不満を蓄積させているのは、高額な学費を払って四年制大学を卒業したり、時には大学院を修了までしたのに、介護・保育職に就いている若年層だ。

そうした不満に応えるかたちで、日本学生支援機構などが奨学金制度を拡充した。現在最も利用者が多いのは、「かいごスカラーシップ」と「へいわスカラーシップ」だ。

「かいごスカラーシップ」は文字通り、介護職に就くことを約束する代わりに、大学の学費が一部免除される制度だ。現在は介護施設も幅広い。アマンリゾーツなど外資系ホテルと森ビルが協力して運営する「六本木ヘブンリー・ヒルズ」といった高級ホテル並みのサービスを提供する施設は、就職先としても人気が高い。

「へいわスカラーシップ」は自衛隊で1年の就業訓練を積み、その後も年間30日の訓練を義務づけられた即応予備自衛官になる代わりに、国立大学の学費がすべて免除される制度である。

導入時には「経済的徴兵制ではないか」という批判に晒(さら)されたものの、自衛隊では第一種運転免許など各種の資格も同時に取得できるため、当の若者たち自身から支持されている。ただし貴重な若年労働力を介護と軍事に集中させることには批判の声も根強い。

出し遅れ続ける証文、少子化対策

高校と大学の学費は上がったものの、保育園など乳幼児教育の無償化は進んだ。これも社会保障・医療・雇用の一体改革の成果であるが、少子化対策の切り札として、当時の政権は「第一子無料化」政策を打ち出した。

これは、子どもを産んだ場合、第一子にかかる出産・育児の費用を小学校入学時まで実質無料化するという制度だ。[285]

確かにその後、合計特殊出生率は１・３２まで回復したが、人口の維持に必要な２・０８には遠く及ばなかった。一人目を産むのも躊躇する若者が多い中で実施されていた「第三子支援」に比べればはるかにまともな政策と言えたが、時はすでに遅かった。

政府は社会保障・医療・雇用の一体改革の総仕上げとして税制に手をつけた。軽減税率を廃止した上で、消費税を一律20％にすることを計画、財政再建を目指した。[286] しかし伝統的に消費税に拒否反応が強い国民の反対に遭い、支持率は急落した。

２０３９年の消費税を20％とする改正消費税法の成立と同時に首相は退陣し、その後は政治的混迷の時代が続いた。その後は首相はほぼ1年おきに代わり、二度にわたる政権交代が起こっている。

この混乱は、戦後１００年を前にして、ようやく日本が「ポスト戦後」に向き合おうとしていることの証拠なのかも知れない。

言い換えれば、それだけの間、「戦後」が続いてきたということでもある。

それは日本にとって、幸福な期間でもあった。「戦後」を終わらせるような大事件、大戦

285　日本の合計特殊出生率は１９７５年に2を割り込んで１・９1を記録して以来、減少を続けてきた。１９９０年には１・５４、２０１０年には１・３９、２０３０年にはついに０・９８となり、２０４４年には０・８８までその数を下げている。

286　一時期の日本では、食料品など生活必需品に加えて、なぜか新聞が軽減税率の適用対象となっていた。

争がなかったことを意味するからだ。「戦後」が経験した三度の大震災、二度の悲惨なテロ事件、隣国との局地戦は、どれも「戦後」を終わらせるものではなかった。

しかしその分、「戦後」はこの国に深くこびりついてしまった。人々の理想にはいつまでも、1975年前後から一時期だけ成立した日本型工業社会があり続けた。特にそれは保守系政治家の理想であり、彼らの「戦後」イメージは、しばしば改革派の足を引っ張った。

だが一方で彼らが「戦後」を守るという限り、どんなに極端な政策も実現してしまうという奇妙な状況に陥った。[287] TPPによる貿易自由化も、安楽死も、実際には「戦後」を壊すものでありながら、「戦後」を守るというロジックのもと国民は説得された。

287　自民党は国民向けには「戦後」を守ることをアピールすると同時に、きわめて「ポスト戦後」型の政策を促進してきた。その端緒を2020年代ではなく、2000年代の小泉(純一郎)政権と見る説、1980年代の中曽根政権だと考える説もある(青山美俺『日本型新自由主義の系譜』東京大学出版会、2041年)。

3　「幸福」な階級社会

それでも暴動は起こらない

貧富の格差は拡大し続けている。所得格差の指標であるジニ係数は0に近いほど社会が平等、1に近いほど不平等であることを意味する。このジニ係数が0・5を超えると、暴動など社会的リスクが高まり、0・6を超えると動乱がいつ起こってもおかしくないレベルと言われている。

日本では２００５（昭80）年にすでにジニ係数が０・５を超え、２０３０年には０・６を超えるようになった。[288] だが安楽死解禁前に親族間の殺人が頻発した時期を除けば、この国の治安は良好な状態を保っている。

21世紀に入ってから東京で起こった暴動といえば、２０１４年の「スイカの乱」[289]や、２０３１（昭106）年の人気漫画『幽霊フレンズ』関連商品の争奪戦くらいだ。国民が政治的な暴徒と化すということは現在まで起こっていない。

実は現代日本は歴史上、最も平和な時代といえる。刑法犯の認知件数は２００２（昭77）年には戦後最大の２８５万件に達したが、２０４０年代には40万件を割るまでになっている。凶悪犯罪に限っても減少傾向にある。他殺による死亡者は１９５５（昭30）年には２１１９人もいたが、２０２０年には２５１人にまで減少、２０４４年は１２０人だった。

それに伴い、刑務所など刑事施設の収容人数も減っている。２００６（昭81）年には８万人を超えていたが、２０４４年末には約2万人にまで減少した。これにはＧＰＳを活用して自宅で一定の刑期を過ごせる「おうち刑務所」制度の影響もあるが、刑務所や拘置所の統廃合は進んでいる。

犯罪が激減した理由は大きく分けて二つある。一つは全国に監視カメラが設置されたことで、「犯罪は絶対にバレる」という認識が広まったことだ。

288　これは急激な高齢化の影響も大きいと考えられている。収入が少ない高齢者が増えれば、数値上は格差が拡大したように見えるからだ。

289　東京駅開業１００周年を記念して発売されたＩＣカード乗車券（スイカ）購入を巡り起こった動乱。途中で販売が打ち切られたため、一部の人間が暴徒と化した。当時はそれほど注目を集めなかったが、日本で起こりうるデモや集団行動を分析した松田東生夏『暴徒論』（講談社現代新書、２０３５年）によって再び脚光を浴びた。同書では20世紀バブル時に、日本人観光客が海外で傍若無人な態度をとったことも好意的に紹介されている。

二つ目は人口動態に関係する。古今東西、若者が多い国というのは社会が不安定になりやすい。それが良い方向に働けば悪政を糾弾するデモが起こったり、平和的な革命が成功したりする。悪い方向に働くと、犯罪が頻発したり、革命やテロで多くの人が命を落とす。ユースバルジ（若者の膨張）という専門用語もあるくらい、若者の割合は社会に大きな影響を与え得るのだ。

1960年代の日本の学生運動、1979（昭54）年のイラン革命、1987（昭62）年の韓国民主化、2010（昭85）年からのアラブの春などの社会運動はすべて、「若い国」だからこそ起きた出来事だといえる。実際、高齢化が進むヨーロッパ各国では、デモも暴動も減少傾向にある。[290]

暴動が起こらないどころか、近年の日本では不思議な現象が観察されるようになっている。幸福度や生活満足度が全世代で上昇しているのだ。内閣府の「国民生活に関する世論調査」によれば、1973（昭48）年には50・3％だった満足度は1985（昭60）年には70・6％にまで上昇、その後増減を繰り返しながらも2013（昭88）年以降はだいたい70％程度で安定していた。

それが最新の2044年調査では満足度は85・6％を記録している。現代の日本は1970年代とは比較にならないほどの階級社会である。なぜ人々の幸福度は上がっているのだろうか。

290　国民の平均年齢が比較的「若い」アメリカでは、政治的混乱が続いている。

幸福な「戦後」の終わり？

幸福度研究では昔から知られていたことだが、人は自分が所属する集団を基準に自分の幸福度を測る。たとえば途上国の貧しい人々の幸福度を調査すると、先進国の成功者よりも高くなることがある[291]。

また、スラム街を対象とした古典的研究によれば、貧困者たちは生きていくための防衛機構として「貧困の文化」を身につけるという。彼らは、希望を持たず、未来のためではなく現在のために生きる。国際的な視野を持つことや、夢を見ることもなく、ただ宿命論として自分の人生を受け入れてしまうというのだ[292]。

これらの研究は現代日本にも当てはまりやすい。学費の高騰、国民皆保険の有名無実化などにより、日本の階級社会化は進んでいる。このように階級上昇の夢が絶たれてしまった社会では、皮肉なことに人々の幸福度は上がってしまうのだ。

もちろん、社会の「底が抜けた」場合はその限りではない。衣食住までもが脅かされた時、穏やかと言われている日本の人々も暴徒となることがあるだろう。しかしそれはナショナルミニマム制度によって、絶妙なバランスで阻止されていた[293]。また安楽死の存在が幸福度を高めていると主張する研究も多い[294]。

そして、低廉なエンターテイメント環境が、日本人の幸福度を下支えしているという説も

291　キャロル・グラハム『幸福の経済学　人々を豊かにするものは何か』日本経済新聞出版社、2013年。
292　オスカー・ルイス『ラ・ビーダ3　プエルト・リコの一家族の物語』みすず書房、1971年。
293　かつての生活保護制度はナショナルミニマムと名前を変え、電子マネーでの支給となり、用途が制限されることになった。また利用者の個人情報は全てマーケティングのために使用されることになっている。極右政党「真実の日本人党」はナショナルミニマム受給者に対して、労働の義務を課したり、高度医療を受ける権利や参政権を剝奪することを主張している。
294　安楽死が合法化されてからは、来世の存在を説く新興宗教が激増した。この一生で夢の実現を目指すのではなく、次の一生に賭けようというのだ。安楽死は宗教的理由による死を禁止していない。

有力だ。小説や漫画、映画、ゲームなど膨大な量のコンテンツがインターネット上には蓄積されており、それらを消費するだけでも人の一生は優に終わる。「戦後」に日本人が蓄えてきた文化的遺産は、現代の人々の「幸福」の源になっているようだ。[295]

世界屈指の「幸福な国」

日本のGDPランキングは現在世界7位である。かつて世界2位だった時期もあるが、もはやこの国は、台頭するインドネシアや大国中国の陰に隠れたアジアの一島国に過ぎない。

しかし日本の異様な幸福度の高さは世界から注目を集めていた。古典的な理論で説明できる現象とはいえ、ここまで格差が広がりながら治安が維持されている社会は、多くの国の政治家や研究者にとって興味深いものらしい。インドと共に急速な経済成長を遂げたブータンでは、現在日本ブームが起きているのだという。[296]

少なくとも、革命が起こって日本の「戦後」が終わるということはなさそうだ。それは、これからもこの国がしばらくは「戦後」を引き受けていくということを意味する。

大震災やテロでは「戦後」が終わらないことは歴史が証明している。仮に「あの戦争」と同規模の戦争に日本が巻き込まれれば、「戦後」は終わるのかも知れない。だが、現在の国際情勢を考えると、総力戦が起こる可能性は低い。

「戦後」にとって最も脅威なのは国際情勢の変化だろう。日本はまだ先進国首脳会議G7の

295　宇野常寛・濱野智史『2040年の希望論』幻冬舎アベマ新書、2040年。

296　かつて両国は完全に真逆の立場にあった。まだまだ豊かだったはずの日本が、平均寿命が短く難民も多い貧国ブータンに憧れるという倒錯した現象が起こっていたのだ。

一員ではあるものの、G7自体の影響力が落ち続けている。世界では権威主義体制の国が多数派となり、G7を中心とした民主主義国家を「風前の灯火」と称する評論家もいる。[297]

実際、G7のGDPは、2031年に中国やロシアなどから構成される国際会議BRICSに抜かれた。政治的にも経済的にもG7の影響力は落ち続けているのだ。

この20年ほどは、民主主義国家のほうが、陰謀論やフェイク情報に脆弱だという点が大きな問題となっている。情報統制や言論弾圧が許容される権威主義国家と違って、民主主義の国家では少なくとも建前としては言論の自由が尊重されるからだ。

その上、AIによる画像や動画加工技術の発達により、もはや一目ではフェイクかどうかの見分けのつかない動画が拡散されるようになった。そのため政治家の発言においては、「街頭演説」や「公共テレビの提供する生放送」の価値が再び高まっている。

逆説的だが、言論の自由が保障されている民主主義国家のほうが、「自由」を感じる人が減っているというデータもある。SNSで何か踏み込んだ発言をした場合、すぐに誹謗中傷の嵐に晒されるし、その規制はプラットフォーマーに任されている。

発言の主が有名人で広告などに起用されていた場合、多数の抗議が企業に殺到することになる。一般人であっても、何か問題発言や行動をした人は身元が特定され、それがデジタルタトゥーとして一生涯残る。このように人々がかつてないほど「空気」を読み合うことで、自主的に表現の自由が抑圧されているのだ。

297 川口碧『風前の灯火・G7』2043年、講談社。著者によれば、最も多い感想は「風前の灯火ってどういう意味ですか」だったという。

さらに、言論の自由が有名無実化しているという指摘もある。[298] ヘイトスピーチなど「望ましくない」コンテンツを排除するという名目で、実質的な検閲が民主主義国家でも進んでいるというのだ。権威主義国家と違い、その検閲主体はグーグルなど私企業であることが多いが、それゆえ意思決定が不透明で、ユーザーに疑心暗鬼を与えている。

こうして民主主義は徐々に終わりを迎えていくのかも知れない。

日本国内で、近いうちに「終わる」ことが決まっているものといえば、2012年にオープンした東京スカイツリーである。テレビ放送はインターネット網を利用しての配信に切り替わりつつあり、電波塔はもはや必要がなくなった。

一方で、東京タワーは正式名称を「国立昭和塔」に変え、昭和を記念する国立観光施設になっている。再開発によりグランド部分が球状型の商業施設となり、さながら古墳のように「昭和」を弔い続けている。

田原が言っていたように、「終わらない戦後」はしばらくの間続きそうだ。

298　この問題を古くから扱っていた本に、ヤコブ・ムシャンガマ『ソクラテスからSNS「言論の自由」全史』早川書房、2024年。

4章　近代が夢見たユートピア

この章では「昭和」の原点とも言える「近代」が夢見たユートピアについて考えてみたい。そのいくつかは既に破綻し、今では夢の残骸だけが残る。ドイツの高速増殖炉やリニア実験線、歴史の転換点とされた国際条約締結地など、ユートピアの跡地は今、どんな姿をしているのだろうか。その上で、僕たちが実際に生きることになった世界について考えてみた。

1　そうだウェストファリア行こう

会いに行ける「近代」の起点

あれは2013（昭88）年のことだった。僕はぼんやりと「近代」について考えていた。おそらく多くの人が「近代」という言葉に抱く感覚と、社会学を学んだ人の使う「近代」という概念に対する感慨には少し乖離（かいり）があるのではないかと思う。社会学にとって「近代」は「この頃」という意味以上の重みがある。

社会学や歴史学では、時代を「古代」「中世」「近代」と三つに分けることが多い。この区分が生まれたヨーロッパでは、文明の起源である素晴らしい古代、文明が停滞した暗黒時代としての中世、そして古代を受け継いだ輝かしい時代を近代と考えた。
「近代」は世界を何もかも変えた画期である。少なくとも、僕が学生の頃はそんな風に「近代」を捉える流行が残っていた。

その「近代」を説明する際に、必ず持ち出される出来事の一つが、1648年のウェストファリア講和条約だった。終わりのない宗教戦争に終止符を打ち、国家が特定の領土を持ち、その領土内の国民が国家の主権を構成する国民国家という仕組みの起点となったとされる。宗教の時代から、人間の時代へのターニングポイントだ。

実際はそんな単純な話ではないのだが、授業で「ウェストファリア講和条約」という名前を聞いてから、ずっと頭の片隅には「ウェストファリア」のことがあった。単に語感が気に入っただけかも知れない。

いくつかの本を出版した後で、時間にも余裕がある時期だった。「そうだウェストファリア行こう」と思い立った。ウェストファリアとはドイツの地名「ヴェストファーレン(Westfalen)」の英語読みで、ドイツ西部に当たる。現在の行政区でいうとミュンスターとオスナブリュックである。

希望を巡るツーリズム

まだ20代だった僕は、国際空港のあるフランクフルトという始点と、目的地の「ウェストファリア」、そしてロンドンという終点だけを決めてヨーロッパへ出掛けた。後はどこへ行くのかも、その場で調べたり、偶然に任せながら決めていった。結果的にそれは「近代」の夢の果てを辿るような旅になった。

無限のエネルギー生産が可能な夢の原子炉跡地であるカルカー、国の期待を背負って発展した巨大工場が存在したデュースブルグ、エムスランドにある磁力を用いた夢の高速鉄道のなれの果て、終わりのない宗教戦争に終わりを告げた国際条約締結地のウェストファリア。まるでドーピングのように都市を活性化させるロンドンのオリンピック跡地。

しばしば「未完のプロジェクト」とも呼ばれる近代は、人々が夢を未来に託した時代でもある。近代において人類は、理性と科学による社会の進歩を夢見てきた。同時に、ウェストファリア講和条約が起点とされる国民国家という仕組みは、国家間のナショナリズムを煽り、ついには20世紀において二度の世界大戦を引き起こした。

本書が主題とする「昭和」という時代の原点は、つまるところ「近代」にある。西欧で生まれた「近代」が明治維新と共に日本に到来し、その集大成が昭和時代の戦争であり、それに続く高度成長とも言える。1970（昭45）年の大阪万博は、日本における近代の、一つのクライマックスであった。

この章では、その「昭和」の原点となった近代という時代、その夢の遺産を巡る旅のことを書いてみたい。

ダークツーリズムという、人類の「負の遺産」を巡る観光形態がある。絶滅収容所として知られるアウシュビッツや、広島の原爆ドームなどを訪れるのが最も典型的なダークツーリズムだ[299]。

しかし、夢の跡地は人類の「負の遺産」とは言い切れない。僕が今回巡ったのは必ずしも大惨事が起こった場所ではない。むしろ、人類が託した「希望」の果てを観光したという意味で、それをホープツーリズムと呼べるかも知れない。10年以上前の記録なので現代とは相違がある点に関しては脚注で補足した[300]。

どこかにあったユートピア

未来小説と呼ばれるジャンルがある。H・G・ウェルズ（昭-60）の『タイムマシン』やアーサー・C・クラーク（昭-9）の『幼年期の終わり』、伊藤計劃（いとうけいかく）（昭49）の『ハーモニー』など未来世界を描いた作品は、現代ではほぼSFと分類される。これらの小説では、程度の差こそあるが「この世界のオルタナティヴ」としての未来が描かれ、現代に対する風刺や批評的要素が含まれている。

未来小説は太古の昔から存在したわけではない。もちろん、古代から予言者たちは未来を語ろうとしてきたし、キリスト教はやがて訪れるだろう終末というかたちで未来を描いてきた。特に天地創造から最後の審判までを、巻き戻ることのない直線的な時間軸で考えるのは

299　戦争博物館を中心としたダークツーリズムを扱った本として古市憲寿『誰も戦争を教えられない』（講談社＋α文庫、2015年）などがある。と、すかさず脚注を使って自著の宣伝をしておく。

300　たとえばこの10年で、ドイツ鉄道のレベルは劇的に下がり、近年では定時運行もままならない悲惨な状況になっている。

ユダヤ・キリスト教の特徴でもある。[301]

しかし「世界の終わり」を描きながらも、そうした思想や物語は「より良い未来」や「この世界のオルタナティヴ」を積極的に提示していたわけではない。

未来小説が現在に近いかたちで現れるのは18世紀から19世紀にかけてのことだ。

それまでは「この世界のオルタナティヴ」を描く物語は、「未来」ではなくて、この世界に存在するかも知れないどこかを舞台にすることが多かった。

たとえば、『日本書紀』に収録された浦島物語で、主人公は海の彼方に存在する蓬莱山（ほうらいさん）に赴き、仙人に会っている。『アーサー王物語』の主人公は、イギリスのどこかに存在するとされた伝説の島アヴァロンで最期を迎えた。トマス・モアの『ユートピア』も、新大陸に存在する三日月型の島が舞台だった。中国の桃源郷も同種の物語である。

ユートピアとは、「いま、ここ」にはないが、「いま、どこか」に存在し得るものだったのだ。これら「この世界のオルタナティヴ」を舞台にした作品は総称してユートピア小説と呼ばれる。

失われた地上の楽園

18世紀から19世紀にかけて、「ユートピア」と「未来」は一体となっていった。

この時期に「未来」が「ユートピア」とされたのには、大きく分けて二つの理由が考えら

301　ヨーロッパ、パレスチナ、インド、イラン、スカンジナビアなどの地域は「世界の終わり」を描く物語を持っている。一方で、仏教思想を輸入する前の日本やブラックアフリカなどは「世界の始まり」に関する物語を持ちながら、「世界の終わり」を想定していなかったという（ルチアン・ボイア『世界の終末　終わりなき歴史』パピルス、1992年）。古代社会において多くの人は循環する時間を生きていて、一神教の流入と共に「世界の終わり」という物語を受け入れたのだろう。元祖・終末思想はアーリア人の原ゾロアスター教だと考えられている。

れる。[302] 一つは、大航海時代と大探検時代を経て、地図上の空白がこの星からほとんど消えてしまったからだ。

15世紀に始まった大航海時代は、クリストファー・コロンブスやヴァスコ・ダ・ガマといった探検家を世界に送り出した。ヨーロッパ諸国による世界の植民地化というかたちで「探検」は進み、19世紀までには南極や北極、オーストラリア、アフリカを含む地球上のほぼすべてのエリアが明らかにされた。もはや、地上の楽園を構想する余地がなくなってしまったのである。

この時期にはもう一つ大きな変化が起こっている。「進歩」という概念の流行だ。中世ヨーロッパの人々は、世の中がより良く変わっていくという発想を持ち合わせていなかった。自分たちは「最後の時代」を生きていて、このまま世の中が変わることもなく終末を迎えるものだと信じていた。

しかし大航海時代による交易の発達と富の流動化、身分制を揺るがす鉄砲の発明といった技術革新、互いが「神」を持ち出すことにより泥沼化した宗教戦争などが新しい思想を要請した。そこで生まれたのが、「人間の理性を信じる」という発想である。

もはや神さえも信じられない時代に、人間の理性を信じて不合理なものを排していけば、より良い社会を作っていけるという進歩思想が生まれたのだ。

栄華をきわめた17世紀末のフランスでは「自分たちの時代は、アウグスティヌスがいた時

302 川端香男里『ユートピアの幻想』講談社学術文庫、1993年。

代とも劣らないのではないか」という新旧論争が巻き起こっていたが、進歩思想を決定的にしたのはニコラ・ド・カリタ・コンドルセである。

フランス革命に関わったコンドルセは『人間精神進歩史』を発表、戦争のない単一言語の平和な未来を予見した。[303] 未来では、植民地主義は過去のものとなり、あらゆる不平等は過去のものとなっている。それは人間の理性の進歩、科学の進歩によって成し遂げられるという。彼はユートピアを地球上のどこかに存在するかも知れない楽園とするのではなく、現在の延長線としての未来に据えた。

1771年にはオランダで『紀元2440年』が地下出版され、各国語に翻訳された。一時は発売禁止処分を受けながらも何度も版を重ねるベストセラーになっている。主人公が夢の中で西暦2440年に迷い込み、絶対王政から解放されたパリを巡る小説だ。同作の進歩と理性に対する信頼は、まさに啓蒙主義の時代だからこそ生まれた作品だといえる。そして何よりも、『紀元2440年』は「ユートピア」を「未来」に設定した画期的な作品として知られている。[304]

その後もヨーロッパでは数多くの未来を舞台にしたユートピア小説が生み出されていく。そして、「未来」と「ユートピア」は次第に「科学」に接近していった。

終わってしまった未来

303　コンドルセ『人間精神進歩史』岩波文庫、1951年。

304　畠田英夫「J.-B.セー『オルビー』における社会制度の改革」『政治・経済・法律研究』11-1、2009年。邦訳は『啓蒙のユートピア　第三巻』（法政大学出版局、1997年）に収録されている。

19世紀末から20世紀初頭にかけて、電話の発明（1876年）、結核菌の発見（1882年）、ライト兄弟による飛行実験の成功（1903年）、自動車の大量生産開始（1908年）など現実に科学が世界の姿を変えつつあった。

こうした中で、「未来」を「科学」によって夢見る「ユートピア」論は、とどまることを知らなかった[305]。

たとえばジュール・ヴェルヌやアルベール・ロビダといった小説家や画家たちは、科学、特に工業が発達した未来の姿を描いた。ビルは天高く伸び、街中には大型テレビが設置され、デパートや劇場、ホテルを内包した巨大施設が建ち並ぶ。列車や自動車は高速化が進み、世界はとても狭くなっている。

その中には「飛ぶ自動車」や「チューブ型交通網」という突飛な予想もあったが、実は100年前の未来図は、その後実際に起こったこととそれほどかけ離れていない。すでに時代が蒸気機関や電力を活用し、産業が機械化された工業社会に突入していたからだろう。

未来は、それを構想する者が立つ時代に拘束されるが、19世紀末から少なくとも20世紀後半のある時点まで、先進国の人々は工業社会の想像力の中で生きていた。

だが21世紀に生きる我々が、もはや無邪気に「より良い未来」を信じるのは難しい。特に1970年代以降、環境汚染や原発事故など科学がもたらした厄災を人類は多数目撃してきた。

305　アンドリュー・ワット、長山靖生『彼らが夢見た2000年』新潮社、1999年。

思想家の東浩紀（あずまひろき）（昭46）は、１９８６（昭61）年に起きた事故をきっかけに、人類にとって二つの夢が頓挫したことを指摘する。[306]

一つはアメリカで起きたスペースシャトル・チャレンジャー号の事故。もう一つはチェルノブイリで起こった原発事故だ。宇宙開発と原子力は共に「人間の生の境界を超えようとした二つの試み」だった。１９８６年、人類は宇宙の夢と原子力の夢を失ってしまったのだ。

しかし、夢が終わってしまったところで、人々は生きていかないとならない。今、近代という時代を構想し、その工業化を支えた場所はどうなっているのだろう。前置きが長くなってしまったが、人類が夢見た「希望」の果てを巡る旅に出かけよう。

２　廃墟になったあの未来

グーテンベルクから始まった

成田空港を12時25分に出発したＪＬ４０７便は、定刻通り16時40分にフランクフルト国際空港に着いた。時差が８時間あるので、約12時間のフライトだ。[307] 機内持ち込みのできる小さなスーツケースしか持ってきていないので、すぐに空港の外へ出る。[308]

３月のヨーロッパはもっと寒いものだと思って、ダウンジャケットを２枚も着込んでいた

306　東浩紀編『福島第一原発観光地化計画』ゲンロン、２０１３年。

307　２０２４年現在、戦争によってロシア上空を飛行できないため、ＪＬ４０７便は14時間20分かかる。歴史は時に退歩する。

308　僕のおすすめはLipault（リポー）というブランドのソフトスーツケース。ロストバゲッジを恐れて、機内持ち込みできる分しか旅行には持って行かない。RIMOWA（リモワ）は頑丈かも知れないが、あまりにも重いのでオススメしない。

のだが、やけに暖かい。現地の人はTシャツ姿だったりする。手元のｉＰｈｏｎｅで「フランクフルト　気温」と検索すると20度を超えていた。

今日はこれからマインツという街へ向かう。活版印刷を発明したヨハネス・グーテンベルクの生地として有名で、ライン川とマイン川の合流地点に位置するため、中世から交易が盛んな都市だった。

マインツの河川

ここでもｉＰｈｏｎｅを取り出して、グーグルマップでマインツまでの行き方を調べる。ライン川沿いに予約したホテルの名前を入力すると、そこまでの経路と移動時間が瞬時に表示される。グーグルの指示通りに自動販売機でチケットを買い求め、やはり指示通りの列車に乗り込む。[309] マインツ中央駅までは日本でいう新幹線にあたるＩＣＥで16分、都市近郊列車Ｓバーンでもわずか25分で着いてしまう。

せっかくなのでホテルは「リバーサイドビュー」の部屋を予約していたのだが、窓から見えるライン川は見慣れた利根川や荒川と大差がない。[310] ただ、やたらコンテナ船が行き交っているのが気になった。

309　現在はドイツ鉄道アプリでチケットを購入できる。スマートフォンの画面上にＱＲコードが表示されるので発券は必要ない。

310　今では少しいいホテルを予約する際には、YouTube動画を探すようにしている。写真と違って、動画は嘘がつきにくい。

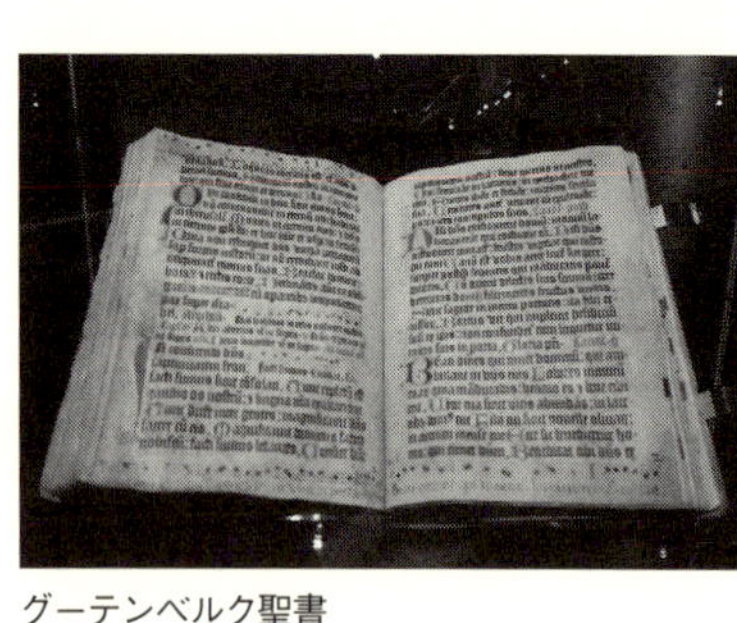
グーテンベルク聖書

ヨーロッパでも鉄道に置き換わる形で河川輸送は衰退してきた。しかし1990年代以降、河口港であるロッテルダム港のコンテナ取扱量の拡大に伴い、国際河川であるライン川のコンテナ輸送も増大しているのだという。[311] さらに、環境意識の高まりがトラック輸送からコンテナ輸送へのシフトを促した。ここマインツにはガントリークレーン（湾口に設置された大型クレーン）が整備されたコンテナ港もある。

翌朝は、グーテンベルク博物館に立ち寄る。グーテンベルクの活版印刷は、聖書の大量印刷を可能にして、宗教改革の引き金ともなった。ここは彼の功績を中心に、印刷の歴史を紐解く博物館だ。

当然、グーテンベルク聖書も展示されていたのだが、どこかで見覚えのある姿形であった。グーグルで検索してみると、日本の慶應義塾大学もグーテンベルク聖書を保有しているらしい。グーテンベルク聖書は世界で少なくとも48点の現存が確認されているが、そのうち一点を日本の慶應が保有しているのだ。時々、慶應の図書館で公開されていることがあり、僕もそれをたまたま見ていたのだろう。

そもそも印刷の本質とは、同じコンテンツを大量に複製できるところにある。だから、グ

311　小澤茂樹「ヨーロッパにおける河川輸送の現状と今後の展望　ライン川におけるコンテナ輸送を中心に」『運輸と経済』2010年7月号。

ーテンベルク聖書が極東の一大学に存在することは何の不思議もない。それでも、博物館を、貴重な一点物の資料を展示する施設だと思い込んでいると、落胆が先に来てしまう[312]。

田園の彼方に原発遊園地

マインツから、ブンダーラント・カルカーという遊園地へ向かう。高速増殖炉の跡地を資産家が買い取り、遊園地にしたという文字通りのワンダーランド（奇想天外な場所）だ。ニュースか何かで見かけて、一度訪れてみたいと思っていたのだ。

ここでもやはり、グーグルマップの指示通りチケットを買う。ドイツ鉄道の自動販売機では、出発地と目的地を入力すると、所要時間や鉄道の種類、料金などに合わせて複数の候補が出てくる。ストレスなく目的地までのチケットを購入することができた。

ホームでは電光掲示板が次の列車情報を表示しているし、そのホームに停車する全ての列車と、車輌位置が一覧になったパネルも設置されている。意外とドイツ鉄道は親切だった[313]。ICという高速鉄道でデュッセルドルフまで向かい、そこでローカル線に乗り換える。デュッセルドルフの駅ナカで買ったサンドウィッチを食べながら、車窓を眺める。本当にまずい。車窓はひたすら田園風景が続き、本当にこんな場所に遊園地があるのか不安になる。だが心配しても仕方がないので、グーグルの指示通り、マインツから計3時間半、デュッセルドルフから1時間の場所にあるエンペル・リースという駅で降りた。

312　15世紀に彼の作り出した同一の聖書が、教会の権威主義を打破するきっかけの一つとなったのだから、マインツは聖書にとっての聖地ということになる。とはいえやはり、「東京でも見られる」と思ってしまうと、グーテンベルク聖書のありがたみは激減する。

313　本文中ではおおむねドイツ鉄道に好意的だが、2024年現在、ドイツ鉄道は頻発する遅延とキャンセルが社会問題となっている。

ブンダーラント・カルカーの巨大冷却炉

グーグルマップの乗換案内では、きちんと「13駅目で乗り換え」という情報や、途中駅の名前も表示されるので、降り間違える心配はない。しかしそこは、だだっ広い平野に簡素なホームだけが設置された駅だった。当然のように駅員もいない。駅前のロータリーにはタクシーも止まっていない。日本の郊外のように牛丼チェーンやコンビニなんてものもない。

グーグルマップによるとエンペル・リース駅からブンダーラント・カルカーまで11・6キロメートル。なのにタクシーの看板一つ出ていない[314]。グーグルで地元のタクシー会社を検索しようかと思っていると、他の乗降客が予約していたらしいタクシーが一台、駅前に止まった。その運転手にタクシーをもう一台呼んで欲しいと、たどたどしいドイツ語で伝える[315]。

15分くらいすると、20代後半の青年が運転するタクシーがやってきた。カルカーの隣町に住んでいるらしく、妻は移民としてドイツに渡ってきたインドネシア人だという。目的地を告げて駅を少し離れると、すぐに田園地帯が広がる。ブンダーラント・カルカー

314　当時はライドシェアやタクシー配車アプリが本格的に普及する前だった。ドイツではUberなどライドシェアを禁止する街が多いものの「FREE NOW」という配車アプリが優秀なのであまり移動にはストレスを感じない。

315　さりげなくドイツ語が話せるアピールをしているが、長い人生でドイツ語が役立ったのは、この時とポーランドのワルシャワで駅の場所を聞いた時しかない。

に行ったことがあるかと聞くと、親戚の子どもたちと一度行ったことがあるという。しかし、あくまでも子ども向けの場所だと思ったらしく、しきりにカルカー地区にある他の観光地を勧めてくる。しかもタクシーよりもレンタサイクルで村を回るのがいいと言ってくれるから、商売目的というわけでもないらしい。

そんな話をしていると、いきなり風光明媚な田園の彼方に、巨大な冷却炉が見えてきた。しかも外装には雪山の絵が描かれている。事前に写真では見ていたものの、実際に目にすると呆然としてしまう。運転手の彼は「原子力発電所の跡地をこんな風にするなんて趣味悪いよね。でもフクシマよりはマシかな」と笑っている。

確かに先進国で起こりうる最悪の事故を経験した福島第一原子力発電所に比べれば、どんな原発関連施設もマシである。

高速増殖炉が見た夢

1970年、当時の西ドイツは、ノルトライン・ウェストファーレン州のカルカーに高速増殖炉SNR300を建設することを決めた[316]。ドイツでは、1962（昭37）年にバイエルン州のカール実験炉が原子力発電に成功、1960年代後半から原発開発が本格化していた。

困窮していたプロテスタント教会の土地を電力会社が買収し、1973（昭48）年から原子炉の建設が始まった。電気出力32・7万キロワット、熱出力76・2万キロワットのSNR

316　SNR300とブンダーラント・カルカーに関しては川名英之『なぜドイツは脱原発を選んだのか　巨大事故・市民運動・国家』（合同出版、2013年）、Glaser, Alexander. 2012. "From Brokdorf to Fukushima: The long journey to nuclear phase-out" *Bulletin of the Atomic Scientists*. 68-6. を参照。

300は、日本の福井県で1983（昭58）年から建設が開始される「もんじゅ」とほぼ同規模の増殖炉だ。「もんじゅ」の開発担当者もカルカーまで足繁く通っていたという。

高速増殖炉はしばしば「夢の原子炉」と呼ばれる。

通常の原子力発電所ではウラン235が燃料として使われるが、高速増殖炉は使用済核燃料などに含まれるプルトニウム239を主な燃料とする上に、発電の過程でプルトニウム239を新たに生成することもできる。

つまり高速増殖炉を使えば、エネルギー資源の無限活用が理論上可能になるのだ。

しかし、1970年代は西ドイツ国内で反原発運動が本格化した時期でもあった。1977（昭52）年に高速増殖炉反対派は、全国から10万人を集めるデモを計画した。政府は鉄道やバスを止め、高速道路を封鎖するという強硬手段に出たが、[317]デモには約5万人が集まったという。

さらにSNR300の技術上の問題も指摘された。州の認可担当者の検査によると、この高速増殖炉ではプルトニウムを増殖できないどころか、逆に減ってしまう可能性があることが判明した。

追い打ちをかけるように、火災事故が相次いだ。1984（昭59）年秋にはナトリウムによる火災と爆発事故、1985（昭60）年にも設計ミスによる電線ケーブルの火災、漏洩したナトリウムに溶接作業の火花が引火した事故などが起こっている。

317 ひどいな、西ドイツ。

原子炉自体は1986年までにほぼ完成していたが、こうした事故が続いたこともあり、本格的な試験運転は許可されずに、ナトリウムの循環試験などが細々と行われているだけだった。

そこに起こったのが1986年の、チェルノブイリ原子力発電所事故である。SNR300原子炉の構造がチェルノブイリと似ているという批判が高まり、反対意見はさらに強まった。さらに建設コストが当初の18億マルク（1260億円）から80億マルク（5600億円）以上に跳ね上がると試算され、州政府も運転許可取り消しを決断、原子炉メーカーのシーメンスも建設を放棄した[318]。

夢の跡に年間50万人

20年近い歳月と65億マルク（4550億円）の工費が費やされた高速増殖炉は、1991（昭66）年に連邦政府によって建設断念が決まった。技術的困難や経済的な理由で、イギリスとアメリカは1994（昭69）年、フランスも1998（昭73）年にそれぞれ高速増殖炉の開発から撤退している。

しかし、その後SNR300は数奇な運命を辿ることになる。廃炉となった高速増殖炉をオランダの実業家であるファン・デル・モストが買い取り、遊園地として開業させることを決めたのだ。そして1996（昭71）年に「ケルンバッサー・ブンダーラント」が開園して

318　1マルク70円で計算している。後年、再処理工場の元責任者は、建設断念の決定的な理由は反対運動ではなく、コスト高だったと振り返っている。建設が遅延したことによりコストが膨らみ、再処理を英仏に委託するよりも倍以上高くなってしまったのだという（「核といのちを考える　岐路の核燃料サイクル：下　結べぬ「環」、止まらぬ計画」『朝日新聞』2013年11月29日朝刊）。

ブンダーラントのマスコットキャラクター

しまう。「核の水のワンダーランド」という意味だ。[319]

まずホテルとレストランをオープンさせ、当初は原子炉の見学コースを売り物にしていた。[320]「ケルニー（核ちゃん）」というマスコットキャラクターの案内板に従って、炉心やナトリウムタンクなどを見て回れた。高速増殖炉の建設に関わった人が、そのままここの従業員として働くこともあったようだ。

その後も遊園地開発は進められて、２０１１（昭86）年にブンダーラント・カルカーとして正式オープンした。公式発表によると年間50万人の来場者があるという。

そう考えると、日本の「もんじゅ」よりははるかにマシだったと言えるかも知れない。昭和時代に計画され、１９９１年に試運転を開始した「もんじゅ」は度重なる事故に見舞われ、２０１６（昭91）年に廃炉が正式決定された。「夢の原子炉」と謳われたものの、稼働日数は26年のうち、実質２５０日に過ぎなかった。研究開発の事業費は現在までで１兆１０００億円を超える。

廃炉は最短でも２０４７（昭122）年の予定である。

319　悪趣味一歩手前の名前だ。

320　「原発テーマパークへようこそ　高速増殖炉施設をリサイクル」『朝日新聞』１９９７年11月15日夕刊。

昭和のエネルギーを巡る夢は日独共に潰（つい）えてしまった。[321]

食べ放題、飲み放題、徘徊し放題

日本のメディアではしばしばＳＮＲ３００に対する反対運動は「ドイツにおける『脱・原発』の原点」と報じられ、福島第一原発の事故が起こる前から何度かこの原発遊園地は好意的に紹介されてきた。[322]

エントランスでは巨大なケルニーのモニュメントが迎えてくれる。タクシーを降りて、ホテルのレセプションへ向かう。ここは、ホテルと遊園地の複合施設になっていて、食べ放題、飲み放題、すべてを含めて一泊65ユーロ（約９１００円）という料金体系だ。[323]当然、僕もここまで来たからには宿泊することにした。

受付には暇そうな中年女性が一人いて、チェックインを済ませる。鍵とリストバンドをもらい、ホテル棟まで歩く。このバンドがある限り、ホテル内の施設は使いたい放題らしい。しかし不思議なのは、先ほどから誰一人として他の客には会わないことだ。『ドラえもん のび太とブリキの迷宮（ラビリンス）』に出てきたブリキンホテルを思い出させる。

原子炉建屋を改造したというホテルは、内部が迷路のようだ。なぜかエジプトをモチーフにしているらしく、スフィンクスのモニュメントや、ファラオの絵画などが飾ってある。だが、ようやく辿り着いた部屋は、簡素なベッドが置いてあるだけの刑務所のような狭い空間

321　日本では核燃料サイクルの確立そのものを第一目的として核発電に取り組んできた。高速増殖炉「もんじゅ」の頓挫後も、次世代原子炉とされる高速炉の実験は続く。日本のエネルギー政策をナショナリズムの申し子として描いた作品に、山本義隆『核燃料サイクルという迷宮　核ナショナリズムがもたらしたもの』（みすず書房、２０２４年）がある。

322　「［脱原発の最前線］ドイツ見聞記／1　象徴　原子炉建屋、ホテルに」『毎日新聞』２０００年12月5日青森版。

323　訪問時のレートである１ユーロ１４０円で計算。２０２４年現在、宿泊費は約３万円程度まで値上がりしている。

冷却炉内の遊具

だった。特にエジプトらしさもなく、このホテルのコンセプトがさっぱりわからない。

荷物を部屋に置き、遊園地のほうへ向かってみることにした。ホテルは何棟にもわたっているが、やはり誰にも会わない。しかし閉鎖されているわけではなく、入口の扉を押せば建物内部には入れてしまうから、余計に気味が悪い。

巨大なタービン建物の脇を抜けると、観覧車、メリーゴーランド、ジェットコースター、フリーフォールといった遊園地には定番のアトラクションが並んでいた。ただ違うのは、高速増殖炉用に建設された施設がそのまま残されていることだ。

しかしアトラクションは、動いていない。今日の操業は終わってしまったのだろうか。冷却炉上部の空洞部分には空中ブランコが設置されていて、稼働していればあたり一帯を見渡すことができたのだろう。外部にはボルダリング用のホールド（足場）が設置され、そのまま冷却炉を登れるようになっている。

やはり誰もいないが、一応博物館も用意されている。原子力発電の仕組み、ＳＮＲ３００

の一部だったタービン、原発作業員を模した人形などが展示されている。下手なお化け屋敷よりもよっぽど怖い。

夕暮れが近づく。1970年代から建設が始まっていたこともあり、一部の建物は半ば廃墟のようになっている。遊園地自体も、開業から20年近く経っているせいで、アトラクションは老朽化が進む。遊具には、ディズニーキャラクターを完全に模倣したようなキャラクターが描かれていた。

横浜ドリームランド跡地

こうした雰囲気は、1964（昭39）年開業の横浜ドリームランドにどこか重なる。横浜ドリームランドとは、約132ヘクタールの敷地に約200億円を投じて建設された昭和の巨大遊園地だ。

1958（昭33）年、旅回りの歌舞伎役者から身を立てた興行師の松尾國三（まつおくにぞう）（昭-27）は、日米修好百年祭における歌舞伎渡米を打診するためにアメリカを訪れていた。そこで彼はディズニーランドに魅了されてしまったのだという。

松尾は「天の啓示」を受けたように「日本にディズニーランドを」という夢を持ってしまった。自著にはウォルト・ディズニー（昭-25）に面会し、「応援しましょう」と言われたエピソードが書かれている。[324]

しかし松尾が建設した横浜ドリームランドや奈良ドリームランドはディズニーランドからの影響は感じるものの、本国のディズニーランドとは似ても似つかないものだった。[325]

横浜ドリームランドは２００２（昭77）年、奈良ドリームランドは２００６（昭81）年にそれぞれ閉園している。横浜ドリームランド跡地は再開発され、現在は横浜薬科大学、俣野公園、そして市営墓地「メモリアルグリーン」として整備されている。墓地になったドリームランドは、高速増殖炉の墓標ともいえるブンダーラント・カルカーとどこか重なる。

誰もいないからSEKAI NO OWARIの「炎と森のカーニバル」という曲をｉＰｈｏｎｅのスピーカーから大音量で流す。奇しくも、曲の歌い出しは「YOKOHAMAにある遊園地」だった。[326]

原発跡地は観光地になるか

ようやく見つけた従業員に聞いてみたところ、遊園地は4月から10月のみ営業していて、秋から冬にかけてはホテルだけが利用できるとのことだった。考えてみれば、「年間50万人」の来場者という数字は、娯楽施設として決して多くはない。

たとえば東京ディズニーリゾートの２０１２（昭87）年度における入園者は、実に２７５

324　松尾國三『けたはずれ人生』講談社製作、１９７６年。

325　ドリームランドの存在にディズニー側が難色を示し、東京ディズニーランド誘致の障害となったという話もある（加賀見俊夫『海を超える想像力　東京ディズニーリゾート誕生の物語』講談社、２００３年）。

326　実際にはメンバーがバイトをしていた「よこはまコスモワールド」のことらしい。

0万人だった。[327]単純計算でブンダーラント・カルカーの年間来場者数は、東京ディズニーリゾートにおける1週間の入園者数と等しいことになる。日本でいえば、よこはまコスモワールドで年間250万人、福岡のスペースワールド（2017年閉園）でも164万人、としまえん（2020年閉園）でも105万人の入園者数を記録している。[328]

ドイツでも原発関連施設は辺鄙な場所に建設されていることが多い。ベルリンやフランクフルトからの所要時間を考えても、カルカーは「もんじゅ」の位置する福井県敦賀（つるが）市や、事故のあった福島とも重なる。

東浩紀たちのグループは、福島第一原子力発電所の跡地を含め、フクシマをダークツーリズムの拠点としようと考えていた。[329]将来的に「ふくしまゲートヴィレッジ」というビジターセンターを建設、福島第一原発の跡地をチェルノブイリのように一般見学が可能な「観光地」にしようという計画だ。

現在、世界的にネガティヴな意味を付与されてしまった「フクシマ」を、希望の言葉として再構築するという東たちの試みは、思想的には非常に意味があることだろう。しかし一方で考えなくてはならないのは、「アクセスが悪い場所は観光地として不利だ」という当たり前すぎる事実だ。[330]

そういえば横浜ドリームランドも、経営不振の一因となったのはモノレール大船線の運行休止だった。国鉄大船駅からドリームランドまでを8分で結んでいたのだが、技術上の問題

327　最も多かったのは2018年度で325 6万人。

328　綜合ユニコム編『レジャーランド&レクパーク総覧2014』に掲載された2012年度における各施設の入場者数。

329　東浩紀編『福島第一原発観光地化計画』ゲンロン、2013年。

330　2020年、福島県双葉郡双葉町に東日本大震災・原子力災害伝承館が誕生した。東日本大震災・原子力災害アーカイブ拠点施設有識者会議の提言を受けてのもので、残念ながら「福島第一原発観光地化計画」が実現することはなかった。

が発生し、開通わずか1年半で休止に追い込まれてしまった。

もっとも、ブンダーラント・カルカーは営業を続けていることから考えても、損益分岐点は超えているのだろう。

ディナーの時間になると、どこからともなく数十人の宿泊客たちが集まってきた。ほとんどが高齢者のグループだ。高速増殖炉跡地であることとは関係なしに、ただ「飲み放題・食べ放題一泊65ユーロ」という価格に惹かれてここを利用しているらしい。国境に近いこともあり、オランダからの来訪者も多いという。

ビュッフェ形式のレストランには、ソーセージやチキンの煮込みからケーキまで一通りの食品が並べられているが、どれもおいしいとは言えない。水のように薄いジュースを飲みながら、ぱさぱさに乾燥したサラダを食べる。

逢いたくて、巨大廃工場

朝10時半。フロントでタクシーを呼んでもらってエンペル・リース駅へ向かう。電車は1時間に1本だが、きちんとグーグルマップで検索してあったので、問題なくデュースブルグに向かう列車へ乗ることができた。

今日は、ミュンスターという街を目指す。ウェストファリア条約の締結地として有名な場所だ。しかしこのままだと早く着きすぎてしまうので、乗換駅であるデュースブルグに何かないかとグーグルで調べてみる。

するとラントシャフツパルク（Landschaftspark）という公園とガゾメーター（Gasometer）という施設を見つけた。デュースブルグはルール工業地帯の西側に位置する、炭鉱と鉄鋼で栄えた街だ。かつての工業施設が現在は観光資源として活用されているのだという。

巨大ガスタンクを利用した芸術施設ガゾメーターは展示換えのため休業中だというので、ラントシャフツパルクを目指すことにした。デュースブルグ中央駅で列車を降り、路面電車に乗り換える。もちろん、ここでのアクセスもグーグルマップに頼る。

簡素な駅を降りると、すぐに大きな公園に出る。地元の子どもたちが遊ぶ公園を歩いていると、視界の先に巨大な工場が見えてきた。外観はほぼ現役時代の姿を残しているようだ。デュースブルグで鉄鋼業が始まったのは１８４４年のことだった。それはまさにドイツが工業化の道を歩み出した時期と重なる[331]。

イギリスやフランスに産業革命で後れを取った19世紀のドイツは、ヨーロッパの後進国だった。領邦の権限が強かったドイツでは、国内でも関税の体系さえまるで違っていた。ようやく関税の統一化に目処が立ったのは１８３４年のことである。

１８３５年にはバイエルンで鉄道が開通、19世紀半ばまでにはドイツ全土に鉄道網が張り巡らされることになり、迅速な物資の輸送が可能になった。１８００年に２３００万人だった人口は、１８４９年には３４８０万人まで増加した。重工業は、時代の花形だった。特に

331　木村靖二編『新版　世界各国史13　ドイツ史』山川出版社、２００１年。

ラントシャフツパルク

ルール工業地帯は最新技術を次々に取り入れ、プロイセンの躍進を支えた。

急増するアメリカからの銑鉄の需要に対応するかたちで、ラントシャフツパルクにかつて存在したマイデリッヒ製鉄所は1901（昭-25）年に設立され、その後も規模を拡大していった。[332] 二度の世界大戦、大恐慌、ナチス時代を経ても工場は操業を続ける。工業化によるドイツ帝国の躍進、軍需産業の拠点、西ドイツ、ひいては西ヨーロッパの重工業の中心地として、ルール工業地帯は役割を変えながらも、希望の中心であり続けた。

しかし1970年代半ばから鉄鋼業は斜陽産業となってしまう。[333] 1980年代初頭までには二つの溶鉱炉が操業を停止、人員削減も本格化した。そして1985年に工場は完全に操業を停止した。84年の歴史にピリオドを打ったマイデリッヒ製鉄所だが、問題はその後だった。

当然、工場を解体し、更地にした後で土地の再利用も考えられた。しかし84年間の操業中

332 Winkels, Ralf. and Zieling, Günter. 2010. *Landschaftspark Duisburg-Nord: From Ironworks to Theme Park.* Duisburg: Mercator-Verlag.

333 日本でも高度成長期の終わった1973年頃から鉄鋼業は停滞、高炉閉鎖や大規模リストラなどが実施され、斜陽産業の代名詞となった。鉄鋼生産の効率化、アルミやプラスチックなど代替物質の普及、中国など新興国の台頭が主な理由だ。

に、工場一帯の土地はさまざまな有害物質で汚染されていた。どうしても多額の除染費用がかかってしまう。もちろん工場自体の解体にもコストがかかる。

だが朗報があった。マイデリッヒ製鉄所の景観が、北デュースブルグの歴史の一部と見なされるようになっていたのだ。この街の工業化を支えた工場を残そうという市民運動が盛んになった。結果、州政府が一帯の土地を買い取り、工場跡地を思いもよらない方法で再生させることになった。

廃工場はテーマパークになった

工場全体を活用したファッションショー、巨大ガスタンクではスキューバダイビング、溶鉱炉を活用したゴルフコース、発電所を利用した屋内モトクロスや相撲大会……。相撲大会？　実は２００５（昭80）年のワールドゲームズで相撲が競技に選ばれた時、開催地となったのがこのラントシャフツパルクだったのだ[334]。

工場は、１９９４年にもとの施設を徹底的に活用するテーマパークとして生まれ変わった。近隣住民のための公園として緑地を整備する一方で、産業遺産を活用したイベントスペースを構築してしまったのだ。音楽フェスティバル、花火などの大型イベントが定期的に開かれ、オペラや美術展といったアートイベントなど使用用途は無限大だ。

巨大ガスタンクだった場所は水で満たされ、水深13メートルのダイビング施設として生ま

334　ワールドゲームズとは、「オリンピックに採用されていない競技種目で世界最高水準のアスリートが競い合う国際的な競技大会」（公式サイト）だという。１９８１年に始まり、夏季オリンピックの翌年に実施される。知らなかった。

工場の構造美

れ変わった。ダイビングスクールが開講され、初心者から上級者向けの講座が用意されている。清潔な環境に加えて、ガスタンク独自の雰囲気が人気を集めているという。

　近年では毎年約１００万人の観光客がこのラントシャフツパルクを訪れている。ドイツといえばロマンティック街道などが観光の定番だが、最近ではラントシャフツパルクのような近代工業遺産がツアーに組み込まれることも多い。ルール工業地帯の他の工場跡地も産業遺産や公園として整備されていて、さながらロマンティック街道を辿るように廃工場ツアーを楽しむことができる。

　工場に構造美を見いだす「工場萌え」は日本だけの現象ではないようだ。さらに、マイデリッヒ製鉄所を保存しようという市民運動が象徴しているように、近代工場はもはや立派な「歴史」だ。昭和30年代ブームが「懐古主義」や「ノスタルジー」と批判されることがあるが、国家が工業化に邁進した時代は、現在から考えれば十分に歴史に属する。[335]

　しかし歴史を死蔵するだけではもったいない。そこでラントシャフツパルクは工場をテーマパークとして活用するという方法を選んだ。ヨーロッパでは、中世の建物をリノベーショ

335　ノスタルジーとはそこそこ平和な時代に特殊な現象だ。戦時下や、激しい経済不況、天変地異の時代に、人はノスタルジーに耽っている暇はない。さらに、連続性が感じられない過去も通常はノスタルジーの対象とされない（フレッド・デーヴィス『ノスタルジアの社会学』世界思想社、１９９０年）。東西冷戦期を経て、徴兵制も廃止されて平和になったドイツだからこそ、ちょうど一つ前の時代、工業社会の象徴に注目が集まるのだろう。

ンして家屋や商業施設として活用することは珍しいことではないから、それほど突飛な発想ではなかったのだろう。

時代にそぐわなくなった工場跡地をどうするかというのは先進国が共通して抱える悩みだ。ラントシャフツパルクは、近代工場をリサイクルした成功例として、世界中から視察が訪れるらしい。

僕が訪れた時はイベントこそ開催されていなかったが、多くの観光客や地元住民たちがテーマパーク内にいた。工場自体は常時無料で開放されていて、自己責任でかつての工場を縦横無尽に歩き回ることができる。一応整備はされているのだろうが、強風に煽られながら廃工場の階段を一段一段上がっていくのは掛け値なしに怖い。

一番高く登れる場所まで行って、あたりを見渡す。理由はないが、てっぺんは気持ちがいい。

ウェストファリア目前での危機

デュースブルグから高速鉄道に乗り込み、ミュンスターを目指す。そう、ミュンスター訪問は、今回の旅行の一番の目的だった。

1648年、プロテスタントとカトリックの泥沼の戦いになった三十年戦争を終わらせるための条約が、ミュンスターとオスナブリュックで締結された。

世界史的にも名高いウェストファリア講和条約である。

ウェストファリア条約は、しばしば中世に終わりを告げ、近代という時代の幕開けになったと評価される。中世ヨーロッパには、現代的な意味での「国家」は存在していなかった。ローマ教皇をトップとする一種の冊封体制が築かれていたからだ。

しかし宗教戦争を終わらせるために、国家に主権というものを与えて、互いの内政には不干渉でいようというルールが作られた。ウェストファリア条約は主権国家体制の基礎を作ったという意味で、政治史や国際法の教科書では必ず登場するし、条約が締結された1648年は非常に重要な年とされる。

社会学は、近代という時代に生まれた、近代をテーマにし続ける学問である。だから、僕が近代の始まりと称される場所に、興味を持たないはずがない。「ウェストファリア」という語感も手伝って、いつかミュンスターかオスナブリュックに行ってみたいと思っていたのだ。

しかし僕は憧れのミュンスターへ向かう電車の中で、一気に心許なくなっていた。今まで、ほぼiPhoneとグーグルに頼って旅を続けていたが、iPhoneのバッテリー残量がもはやほとんどないのだ。まさかこれほどまでiPhoneをいじり続けると思っていなかったから、充電用バッテリーも持ってきていない。残念ながら、車内にコンセントもない。

今日、ミュンスターで泊まるホテルに関する情報は、Gmailの中にしか保管されていないし、ホテル名がわかったところでグーグルマップなしで目的地までたどり着ける自信はない。ミュンスターに到着した後で途方に暮れないように、しぶしぶiPhoneの電源を一度落とす。急に心細くなる。

西日の差すミュンスター中央駅に着き、再びiPhoneの電源を入れる。バッテリーの残りは5％。途中、道を間違えたりしながらようやく目的のホテルへ到着する[336]。バッテリー残量は1％だった。ホテルに荷物だけ置いてすぐに街を歩こうと思ったが、まずはiPhoneを電源ケーブルにつなぐ。知らない街を、スマートフォンとGPSなしに歩く気にはなれない[337]。

ミュンスターの聖パウロ大聖堂

そうこうしているうちに条約が締結された市庁舎は閉館してしまったので、聖パウロ大聖堂と聖ランベルティ教会へ行く。ミュンスターはもともとカトリックの司教が治める街だったが、13世紀からはハンザ同盟に加盟し、商人の街として栄えた。

792年に尖塔が建設され、1264年に現在のかたちになった聖パウロ大聖堂は、宗教の町だったミュンスターを象徴する一大建築だ。人口約30万人の都市には不釣り合いなほど巨大な大聖堂に入ると、ちょうど礼拝の時間だった。観光客がここぞとばかりにスマートフォン

336 「今まで食べた一番まずい食べ物」という話題のたびに、このホテルの夕食を思い出す。ありふれたドイツ料理のはずなのだが、本当にまずかった。

337 この時から、海外旅行に行く際は必ずモバイルバッテリーを持ち歩くようになった。最近のオススメはケーブルなしで直接スマホ本体に挿せる「Anker Nano Power Bank」。また飛行機や列車内など、コンセントのある場所では電池残量に余裕があっても給電する癖がついた。

やデジタルカメラでその様子を写真に収めようとしている。

危機を脱したので次の「夢」まで歩く

翌朝はミュンスターから約１００キロメートル北にあるラーテンという村を目指す。ラーテンにはドイツ版リニアモーターカー・トランスラピッドの実験線がある。電車で約1時間半の旅だ。まだｉＰｈｏｎｅの充電は１００％近くあるのだが、高額紙幣しか持っていないことに気がつく。

ドイツ鉄道のチケットは自動販売機で簡単に買える。当然、クレジットカードにも対応しているのだが、僕が日本から持ってきたカードは相性が悪いらしくて機械に認識されない。そこで現金でチケットを購入していたのだが、販売機によっては高額紙幣を受け付けてくれないのだ。

もしカルカーのエンペル・リースのようなスーパーさえもない駅だったらどうしようかと不安になる。だが「ラーテン　スーパーマーケット」と検索すると何件もヒットしたので、お金を崩すくらいはできそうだ[338]。

ラーテンは、エンペル・リースよりは若干栄えているようだった。駅前にタクシーはいないが、タクシー会社の看板は出ている。目的地のエムスランド実験線までは3キロメートルくらいだという。せっかくなので、グーグルマップを頼りに歩いてみる。

338　ドイツは欧州の中ではキャッシュレス化が遅れている。２０２４年でも「現金のみ」という店舗があるくらいだ。

たまに自動車とすれ違うくらいで、ほとんど人通りもない。しばらくすると、粗末な高架が見えてきた。高さ5メートルほどの軌道が、フェンスもなく田舎道を直進している。近くには牧場があって、牛が放牧されている。カルカーともいい勝負の牧歌的な風景だ。

ドイツのリニアは上海で揺れまくる

西ドイツは1960年代からリニアモーターカーの開発を本格化させ、1980（昭55）年からこのエムスランド実験線の建設が始まった。空の過密ダイヤが深刻だったドイツでは、政府が早い段階からトランスラピッドの実用化と営業路線策定を目指していた[339]。

1996年には当時3時間を要していたハンブルクとベルリン間（約285キロメートル）を1時間で結ぶ計画が立てられた。98億マルク（約5900億円）をかけ、2000（昭75）年着工、2005年から営業運転を開始する計画だったが、財政状況を鑑みて1999（昭74）年の段階でリニア計画はいったん白紙に戻る[340]。

その後、トランスラピッドは上海に輸出され、浦東（プードン）国際空港と上海市内を接続することになった。実際に上海トランスラピッドは2002年末から運行を開始、市内までの約30キロメートルを最高時速431キロメートル、最短7分20秒で結んでいる。料金は片道50元（約850円）だ[341]。

僕も一度乗ったことがある。シンプルな筐体に、豪華とはいえない内装。車内では時速が

339 「ひと足お先に営業路線決定　あす西独リニア　JR、実用化で後れ」『朝日新聞』1988年6月14日東京夕刊。

340 「ドイツ連立与党、リニア計画棚上げへ」『朝日新聞』1999年9月30日朝刊。

341 1元17円で計算している。上海トランスラピッドは航空券の提示があった場合、当日料金は40元に割り引かれる。またVIP席の料金は倍の100元。現在でも最高営業時速431キロメートルは維持されているようだが、多くの時間帯で最高速度を301キロメートルに落として運転されている。

表示されていて、きちんと最高時速に達したことがわかるようになっているのだが、車窓からの景色を見ても、特に感慨はない。そこにはただの上海の郊外が広がっているだけだからだ。それよりも振動が思いの外すごくて、リニアという未来の乗り物に対するわくわくよりも、無事に市内までたどり着けるかという不安のほうが勝っていた。羽田へと向かう東京モノレールにしても未来の乗り物に「揺れ」はつきものなのだろうか。

エムスランド実験線

トランスラピッド

しかも上海トランスラピッドは、龍陽路（ロンヤンルー）駅という上海市内の端っこが終点に設定されている。ここからさらに目的地までタクシーや地下鉄を乗り継がないとならない。

上海では、危険運転に目をつぶれるなら、２００元（約３４００円）もあれば市内中どこのホテルへも行けてしまう。さらに20元程度（約３４０円）のリムジンバス路線が市内に張り巡らされていて、乗り換えも必要ないだけよっぽど便利だ。

ドイツでも、上海への輸出が弾みとなり、２００６年開催のワールドカップまでに今度こそリニアを開通させようという声が経済界から上がっていた[342]。特にミュンヘン空港と中央駅をトランスラピッドで結ぶ計画は本格的に検討された。列車やバスだと40分以上かかる距離を、約10分で結ぶリニアプロジェクトだ。

そんな中、２００６年8月11日、上海トランスラピッドの営業運転中に火災事故が起きてしまう。幸い死者は出なかった。しかし、その翌月、今度はエムスランド実験線でリニア史上、最悪の惨事が起こってしまう。

23の十字架

エムスランド実験線沿いを歩いていると、石と金属でできたモニュメントと、23本の苗木を見つけた。高さ3メートルほどの石が中心で切断され、その間に23の十字架が刻まれた金属片がはめ込まれている。そして、モニュメントの裏側には23人の名前が記されていた。

342　国際イベントにあわせて、経済界が大型公共事業を実施したがるのはドイツも日本も同じらしい。

23本の苗木

２００６年9月22日、エムスランド実験線で試運転中のトランスラピッドが、作業車と衝突する事故が発生した。トランスラピッドに試乗していた観光客と、作業員が事故に巻き込まれて、23人が命を落としたのだ。

23本の苗木は、死亡者を追悼するためのものだろう。しかし詳しい事故の顛末は記されていない。モニュメントのすぐそばには、実験線に乗り込むための簡素な駅や車輛工場がそのまま残されていた。

検索すると、事故現場はラーテン側の駅から約1キロメートル北上した場所らしい。グーグルマップを頼りに1キロメートル地点まで向かうが、事故の跡は見つけられなかった。

２００８（昭83）年にはエムスランド実験線の閉鎖が決まり、線路も撤去される方針が示された。[343] かつてラーテン村には、トランスラピッド目当てに年間15万人の人が訪れていたという。メディアの取材に対して、村長は「リニアはドイツ人の誇りだった。未来の技術がここにあった」と当時を振り返る。[344]

ただし、２００６年の事故は人為的なミスが原因とされており、リニア開発が続く可能性

343　その後、中国鉄道車両（ＣＲＲＣ）や、エムデン・レール応用科学大学がトランスラピッド試験路線の使用に関心を示したことで解体工事は中断された。また２０２２年にはトランスラピッドの歴史を紹介するビジターセンターもリニューアルオープンしている。

344　「コスト膨張、独の挫折　事故起き世論悪化」『朝日新聞』２０１４年1月6日名古屋朝刊。僕が訪れた時はトランスラピッドの車輛が屋外展示されていて、ちょうどスタッフたちが、実験線閉鎖後に車輛をどうするかを話し合っていた。

もあった。計画中止にはコストの問題が大きく関係している。ミュンヘン空港と中央駅を結ぶ路線には、当初の予想の倍近い４８００億円もの費用がかかることが判明した。さらに、詳細な需要予測をすると乗降客数は８００万人以下にとどまることもわかった。

上海の経験をきっちり活かして、ドイツは「脱リニア」に舵を切ったようである。

ドイツでは、「夢」や「希望」ではなく「経済」という実利的な話でリニアモーターカーに見切りをつけた。一方で、「経済」といえば、日本のリニア計画でも「経済効果」としてさまざまな試算が発表される。

しかし、多分に推測や願望を織り込んだ「経済効果」自体、一つのロマンである。合理的に考えれば、乗降に何分もかかり、接続が不便な日本版リニアモーターカーにそこまで需要があるとは思えない。しかし、その合理性では計れないがゆえに、一部の人はリニアに強いロマンを感じてしまうのだろう[345]。

ウェストファリアの神話

ミュンスターに戻り、今日こそは市庁舎へ行く。市庁舎内の平和の間でウェストファリア条約は締結された。ルネサンス様式で造られた板張壁には、条約締結に奮闘した歴史上の人物たちの肖像画が並べられている。

ずっと来たかった場所だからもう少し感動するのかと思ったが、残念ながらそこまでの感

345　もっとも「合理的」なことがいつも正解とは限らない。時として思いも寄らない発想や、誰も賛同しない無謀な挑戦から、イノベーションは生まれるからだ。しかし難しいのは、イノベーションとは起こってみるまで、それが何であるのかさえもわからないことだ。ゆえに「何か」に期待するイノベーション待望論は精神論に近づいてしまう。

ミュンスター市庁舎

慨はなかった。

一つは、ずっと観光用のアナウンスが平和の間内に流されていたからだ。しかも僕のためか、途中で放送がドイツ語から英語に切り替わった。いかにこの場所が歴史的に重要な場所かを男性アナウンサーが仰々しくアピールしている。

そしてもう一つ、いまいち僕が感動できなかったのは、近年におけるウェストファリア条約研究動向と関係している。どうやら、「近代主権国家」「近代国民国家」や「近代国際法」の原点をウェストファリア条約に求めてしまうのは、だいぶ怪しい話であるらしいのだ。[346]

実際には、ウェストファリア条約は現状追認的な性格を持ち、かつ継続性があるものでもなかった。[347] 1648年は絶対主義王朝が形成されていく最盛期であり、それを現代と連続性のある「近代国家」と見なすのには無理がある。[348]

近年の研究が主張するように、「近代国家」の成立期は地域ごとに違うのだから、一つの条約に「近代」の始まりを見いだす必要はない。それにもかかわらず、ウェストファリア条約を、近代国際法の原点とするような「神話」が流行し始めたのは19世紀になってからのこ

346　明石欽司『ウェストファリア条約　その実像と神話』慶應義塾大学出版会、2009年。
347　事実、1678年から1679年にかけては、ナイメーヘン条約という新たな多国間講和の枠組みが作成されている。
348　ベンノ・テシィケ『近代国家体系の形成　ウェストファリアの神話』桜井書店、2008年。そもそもドイツが統一を果たすのは、ウェストファリア条約締結から2世紀以上後のことである。

とであるという。

それでもウェストファリア条約をヨーロッパ国際秩序における重要な転機と見なすことはできるのだろうが、[349]どうやら僕が学校で習ったような簡単な話ではないらしい[350]。

三十年戦争が終結した場所ということで、ミュンスターは「平和の街」というブランディングを試みている。この市庁舎でも平和式典が定期的に開催されているという。

しかし現代の世界には、単純な国際秩序が存在するわけではない。しばしば「新しい中世」と呼ばれるように、国家と企業のパワーバランスが変わり、戦争も国民軍同士が戦った時代から、傭兵が活躍し、テロが頻繁に起こる「新しい戦争」の時代に突入している。そんな中で、「近代国家」の起源という「神話」を持つウェストファリア条約締結の地が願う「平和」は、どれだけ現実的だと言えるのだろうか。

349　柴田純志『ウェストファリアは終わらない　国際政治と主権国家』虹有社、2012年。

350　近年、ヨーロッパ近世史を語る際に「複合国家」という概念がよく用いられる。単一の主権国家ではなく、複数の領域や国々が一つの君主のもとで結ばれた政治形態を指す。いわば「ミニ帝国」とも言えそうだ。要は中世の終わりと共に、一気に中央集権的な近代国家が出現したわけではない、ということなのだろう。

オスナブリュック

感動はできなかったけど出国はできます

翌朝はミュンスターから高速鉄道で30分足らずのオスナブリュックへ向かう。オスナブリュックでもミュンスター同様、ウェストファリア条約締結に向けての講和会議が開かれた。市庁舎は一般に向けて開放されていて、こちらではやかましいアナウンスもない。しかし、やはり感動まではできない。

オスナブリュック中央駅から空港に向かう。フライトまで時間があったから、空港内に飛んでいるWi-Fiを使ってロンドンのホテルを探す。「Hotels.com」や「agoda」では、宿泊したいエリアを入力すれば、無数の候補が一覧で表示される。郊外にも移動しやすいようにキングスクロス付近のホテルを予約する。

3　夢見た未来とは違っても

待ち合わせはグローバル・シティで

ロンドン・シティ空港でオイスターカード[351]を買い求め、市内を目指す。

国際交流基金に勤めている友人から、秋にロンドンで講演ができないかというメッセージがフェイスブックに入る。「今、ロンドンにいるよ」と返信すると、彼女も普段は東京勤務だが、ちょうど今ロンドンに来ているらしい。さらに共通の友人である彼女の婚約者のノルウェー人も、出張でロンドンに来ているという。せっかくなので食事の約束を入れる。

フィンランド出身で、オックスフォード大学で博士号を取得、現在はロンドン大学で教鞭

351　東京でいうSuicaのような非接触型ICカード。現在はApple payを含むクレジットカードのタッチ決済で地下鉄やバスに乗車できるので、わざわざオイスターカードを入手する必要はない。

を執る友人にも連絡を取る。日本の若年雇用に詳しく、パートナーが日本人の彼とはLINEでやり取りをする。彼の友人がロンドン郊外のウィンザーに住んでいて、パートナーが明日誕生日らしいので、パーティーに誘われる。

IT技術は、人を場所から解放した。しかしそれと同時進行で、都市への人材、技術、金融や法律といった高度な専門サービスの集積も進んだ。19世紀から緩やかな衰退が始まったイギリスは、ロンドンを金融のハブとすることで生まれ変わった。世界間競争の中で、ロンドンは新たな生産拠点たるグローバル・シティとしての地位を築いたのだ[352]。ヨーロッパのハブとしてのロンドンは、人や情報が集まりやすい場所になった。あっという間に、僕も滞在中の予定が埋まってしまう[353]。

しかし、グローバル・シティは見えざる手によってその地位を保っているわけではない。イギリスも日本ほどではないが、少子高齢化に悩む国の一つだ。安価な労働力を潤沢に使える時代はとうに終わっている。グローバル・シティを維持するためには、しばしばドーピングが必要とされる。その最たるものが、オリンピックという国際イベントだ。

オリンピック開催という大義名分のもと、多くの公共事業が実施され、確かに街は一瞬生まれ変わったように見える。世界中からメディアや観光客が訪れるので、国家ブランドを世界中に向けてアピールすることができる。放っておくと老いていくだけの都市を活性化させるために、施政者にとってオリンピックはのどから手が出るほど欲しいイベントなのだ[354]。

352 サスキア・サッセン『グローバル・シティ　ニューヨーク・ロンドン・東京から世界を読む』筑摩書房、2008年。

353 海外でも友達が多いアピールをしている感じが嫌みっぽい。

354 近年では高額な開催費用や大会後の施設維持費が問題となり、オリンピックの候補都市が減少している（5章）。

ロンドンオリンピックの会場跡地

跡地にできたショッピングモール

2012年に開催されたロンドンオリンピックの会場跡地を見に行く。最寄りのストラトフォード国際駅まではロンドン中心部から高速鉄道で8分の距離だ。駅を降り、巨大なショッピングモールを通り抜けると、一気に視界が開ける。オリンピックスタジアムを中心とした広大な荒野が広がっていた。

現在、オリンピック会場跡は再開発のまっただ中だ。今年の春には一部が公園としてオープン、さらに選手村を活用したマンション群も誕生する。この殺伐とした場所の再開発が、どれほど成功するかはわからない[355]。

水泳施設だけはすでに市民向けにオープンしていたが、利用者はまばらだ。「世界一のプールで水泳を学ぼう」という広告と共に、スタッフが勧誘に必死だった。よく見ると、プールにはやたら高齢者が多い。オリンピックのために建てられた「世界一のプール」は高齢者の健康維持のために第二の人生を生きている。

ＬＩＮＥが入る。経路を検索して、友人が待つ場所へ向かう。

355　オリンピックの誘致の際に決まってうたわれる「地元の雇用が長期的に増える」や「整備された施設の活用」といった話は、実現したためしがほとんどないという(山形浩生「オリンピックに経済効果はない」『Voice』２００７年5月号)。だがジェントリフィケーションという意味では、ロンドンオリンピック跡地は開発に成功した(1章)。

「世界一のプール」

セピア色した科学の代わりに

近代という時代が見た夢の跡地を辿るような旅をしてきた。確かに、工業社会の夢は急速に劣化しつつあるし、トランスラピッドのようにわかりやすく頓挫してしまった夢もある。ユートピア論者たちが見た未来に、僕たちはまだ辿り着けていない。

翻って問われるべきは、なぜ僕たちは見果てぬ夢を見てしまうのかということだ。近代の廃墟を目撃しながら、なぜ過分な希望を近代人は抱いてしまうのかをずっと考えていた。しかし、それはおそらく宗教とあまり変わりがない、近代という時代のむしろ前提なのだろう。

一方で、近代の始まりどころか、50年前の人も想像できなかった未来を現代人は手にしつつある。

１９７８（昭53）年に放送されたＴＶアニメ『未来少年コナン』には象徴的な場面が出てくる。[356]未来都市国家「インダストリア」で、コナンたちは大量破壊兵器を搭載する巨大爆撃機が動き出そうとしているのを知る。それを仲間に知らせなくてはならない。そこでコナンは飛行装置に乗って「大変だ、知らせに行こう！」と急ぐのである。

『未来少年コナン』は２０２８（昭103）年頃を舞台にした作品だが、現代人の感覚からするとこの描写はいかにも奇妙だ。すぐに仲間に情報を伝えたいなら、スマートフォンを取り出せば済む話だからだ。[357]

『20世紀少年』の作者である浦沢直樹（昭35）は、あるインタビューに答えて「『科学』という言葉自体が、ノスタルジー」だと語る。[358]「ＳＦ」、そして「科学」は「50年代や60年代のにおい」がする「なんだかセピア色」のものだという。

しかし「科学」が「セピア色」の哀愁を誘うものだとしたならば、デュースブルグの工場跡地の再利用も、非常に理にかなったものということになる。工業化時代に生まれたものは、現代人にとってすでに懐かしい。ならばそれをただの廃墟として放置するよりも、観光

356　小熊英二編『平成史【完全版】』河出書房新社、２０１９年。

357　もちろん工業時代においても、携帯電話やスマートフォンのようなデバイスを想像していた論者たちもいた。たとえば１９２４年に発刊されたオランダの雑誌では携帯無線電話を使った株の売買の様子を想像した絵が描かれている（アンドリュー・ワット、長山靖生『彼らが夢見た２０００年』新潮社、１９９９年）。しかし、多くの未来予想においてＩＴ技術は世界を変えるテクノロジーとして考えられていたとは言えない。

358　佐倉統「鏡の国のサイエンス」（日本科学未来館「deep_science」）

地にしてしまったほうがいい。希望のリサイクルだ。

僕たちはそれでもつながっている

セピア色をした科学の代わりに、僕たちは別の未来を手にしつつある。それはグーグル元会長のエリック・シュミット（昭30）たちが第五の権力と呼ぶものだ[359]。

世界中でスマートフォンの普及率が急激に上昇している。一世代前の携帯電話では、音声通話とテキストメッセージを送るのが精一杯だったが、スマートフォンの普及は、世界の情報環境を一変させた。

スマートフォン使用者が増えると、誰もが世界の情報に母国語を使ってアクセスできるようになる。オンラインにおける情報とは集積していくものだから、ユーザー数が増えればそれだけ母国語でできることが増えていくのだ。

事実、僕も今回の旅行中、グーグル検索はほとんど日本語だけで行っていたし、それで数々の有益な情報と出会うことができた[360]。

映画化もされた小説『人類資金』でも、情報端末を最貧国に行き渡らせることで、資本主義に風穴を開けようとする人々の活躍が描かれていた[361]。

それは、インターネットが独裁者を倒し、世界中で革命が起こるという単純な物語ではない。未来においても主権国家は残るだろうし、むしろ中国のようにインターネット上の情報

359　エリック・シュミット、ジャレッド・コーエン『第五の権力　Googleには見えている未来』ダイヤモンド社、２０１４年。

360　近年では自動翻訳の劇的な進化により、海外情報を入手するコストはさらに下がった。

361　福井晴敏『人類資金』講談社文庫、２０１３年～２０１５年。

統制がより厳しくなっていくという可能性もある[362]。

しかし、一般市民がかつてないほど大きな力を手にすることも事実だ。少なくともＩＴ技術は、個人の移動をかつてないほど容易にした。

ガイドブックも持たず、大した下調べもせず、途中からはホテルの予約もせずに、ネットワークに接続されたスマートフォン一台とクレジットカードがあれば、少なくとも先進国の移動には困らない[363]。

ロンドン・ヒースロー空港からＪＬ４０２便で成田を目指す。欧米には後れを取ったが、日本の航空会社も２０１０年頃から国際線を中心にWi-Fi環境を整備してきた。僕が今回利用した日本航空のロンドン便でも、当たり前のようにWi-Fiにつながった。

電源コンセントもあるから、安心してツイッターも見られるし、友人とＬＩＮＥもできる。もはや、ドイツにいようがイギリスにいようが、空の上にいようが、母国語で見知った仲間たちと連絡を取り合うことができる。

どの国にいるかよりも、ネットワークにつながっているかどうかのほうが、さしあたり僕にとっては国境以上に大きな断絶線だということに気づいた。だけど一方で、定期的に電気を供給しないとスマートフォンは動かない。

航空機はエンジンに直結した自家発電装置を持つが、地上で使う電気はどこかの国の発電所から供給されたものだ。ネットワーク自体は軽々と国境を越えられるが、エネルギーはそ

362　２０１０年代にはＧＡＦＡＭなど世界企業が国家を超越するという議論が流行したが、２０２０年代には新型コロナウイルスの流行や権威主義国家の復権もあり、再び「国家の時代」に戻りつつある（5章）。

363　ドイツ鉄道に乗る場合をのぞく。

うはいかない。「第五の権力」を駆動させるためのインフラは、結局のところ国家頼みにならざるを得ないのだ。

そんなことを考えながら、毛布にくるまって、友達にＬＩＮＥを送る。空の上とは思えないくらい、すぐに返信が来る。

5章 「昭和」は終わらない

昭和100年を迎える世界では、昭和時代の遺物と思われていたような出来事が復活しつつあるように見える。民主主義国家は力を失い、権威主義国家が台頭している。感染症流行時には厳しい国境管理が復活した。平成時代に夢見られたインターネットによる自由でフラットな世界は過去のものになりつつある。世界は再び「昭和」に回帰するのだろうか。それとも僕たちは「昭和」に別れを告げることができるのだろうか。

1　権威主義国家とメガイベント

未来都市で開催された未来の万博

高さ828メートル。天を貫くようなブルジュ・ハリファがそびえ立つドバイ。アラブ首長国連邦の中心都市だ。地球上で最も高い建築物、ブルジュ・ハリファを筆頭に、超高層ビルと人工島を擁する世界有数の未来都市として知られている。

このドバイで2021（昭96）年に万博が開催された。未来を体現する街で、未来をプレゼンテーションしてきた万博が行われたというのは、非常に象徴的である。テーマは「心をつなぎ、未来を創る」。正直、抽象的でよく意味がわからないが、確かにドバイという街自体は「未来」を冠するに足る説得力がある。

本来、ドバイ万博は２０２０（昭95）年に開催されるはずだったが、新型コロナウイルスの流行によって２０２１年10月からに延期された。だがドバイを含むアラブ首長国連邦の建

ドバイのブルジュ・ハリファ

国50周年と重なったことで、多数の記念行事も同時期に開催することができ、結果オーライといったところだろうか。

コロナ時代真っ只中の開催にもかかわらず、万博来場者は2410万人にも達した[364]。そのうち30・3%が外国からの来訪者だったという。

実は万博が欧米とアジア以外で開催されるのは、ドバイが初めてだった。そもそも中東やアフリカでは、2010年代まで万博やオリンピックのようなメガイベントが開催されてこなかった[365]。

だが今後、中東やアフリカでのメガイベントの開催は増えていくだろう。なぜならこれまでメガイベントを開催してきた欧米諸国、つまり民主主義を採用する国で、住民の合意形成が難しくなってきたからだ。

実際、ドイツのハンブルクやミュンヘン、アメリカのボストン、スイスのシオン、ノルウェーのオスロなど住民の反対によってオリンピック招致を断念した都市がいくつも存在する。

またいざ開催が決定した後も、言論の自由が保障された民主主義諸国では、開催中止を求める世論が高まることがある。

まさに2021年、日本ではオリンピック開催を巡って、世論が二分される事態になった。当初からオリンピックを支持しない層は存在したが、新型コロナウイルスの騒動が続く中での開催に対しては特に中止を求める声が高まった。世論調査によっては、「中止」を求

364　2015年のミラノ万博の来場者数は2150万人。2025年の大阪万博の想定来場者数は2820万人。ちなみに2021年には東京オリンピック・パラリンピックも開催されたが、無観客での開催となった。閉会式では次回開催地のパリの中継映像が流れたが、そこではマスクもせずに人々が大騒ぎしていた。2021年、日本以外の世界は、過剰な感染対策から脱しつつある時期だった。

365　2010年に南アフリカ共和国、2022年にカタールでそれぞれFIFAワールドカップが開催されている。

める意見が6割に達したこともある。[366]

2024（昭99）年のパリオリンピックも、中止を求める社会運動が盛り上がった。フランス全土でストライキが頻発し、ＴｉｋＴｏｋでは「パリオリンピックに来ないでください」という趣旨の動画が拡散された。さらに開会式のタイミングを狙って、高速鉄道ＴＧＶに対する設備破壊事件も発生した。

2025（昭100）年に開催される大阪・関西万博に対しても、会場建設費の高騰や工期の遅れを指摘したり、そもそも万博は「昭和」の遺物ではないか[367]など批判が相次いでいる。

権威主義国家とメガイベントの親密な関係

一方、2021年のドバイ万博について国内で大きな抗議活動などは起こらなかった。また2030（昭105）年にはサウジアラビアのリヤドでも万博が予定されているが、こちらも国内で批判の声は聞かれない。

正確に言えば議論はあるのだろうが、ドバイの属するアラブ首長国連邦やサウジアラビアと日本では、そもそもの政治体制が違う。言論や報道の自由が保障されていないのだ。

一般にアラブ首長国連邦やサウジアラビアは権威主義国家と分類される。権威主義国家とは、「穏当な独裁主義」とも呼ばれ、一部の指導者に権力が集中する体制を指す。もしくは「民主主義以外」をまとめて権威主義と呼ぶこともある。[368]

366 「都民意識調査　五輪・パラ「中止を」60％　首相説明「納得できず」67％」『東京新聞』2021年5月25日朝刊。

367 古市憲寿『昭和１００年』講談社、2024年。

368 エリカ・フランツ『権威主義　独裁政治の歴史と変貌』白水社、2021年。

ガチの選挙を通してトップが選ばれる民主主義と違い、指導者が世襲だったり、形ばかりの選挙をする国は、権威主義国家と思っていいだろう。[369]

アラブ首長国連邦は文字通り首長によって統治される国であり、民主的な選挙は存在しない。言論の自由にも制約がかけられており、王族批判や宗教、性的な表現はタブーである。サウジアラビアも絶対君主制であり、言論や報道の自由は厳しく制約されている。

だが権威主義国家がディストピアかといえば、それも違う。選挙がなく、言論の自由もないと聞くとつい北朝鮮のような国を想像してしまう。だがアラブ首長国連邦やサウジアラビアは、ご存じの通り、非常に裕福な国である。

アラビア諸国は「レンティア国家」とも呼ばれる。[370]天然資源から得た利益を国民に分配することで独裁的な統治ができる国のことだ。ドバイの場合、医療費も教育費も無償だし、所得税や住民税もかからない。さらに収入が一定以下の場合、住居も無償で提供される。

こんな恵まれた環境で暮らしていたら、わざわざ社会運動を起こして政治体制を変えようという人は一部に留まるだろう。国家に不満を持つ住民が少ない以上、社会運動が広がる可能性も低い。[371]

独裁的な政権運営が可能な権威主義国家とメガイベントは非常に相性がいい。支配層が「開催」と決めてしまえば、住民の反対運動も起こらないし、マスコミによる批判の心配もないからだ。民主主義国家なら「汚職」と糾弾されるようなことも、簡単にできる。

369　昔の独裁制やファシズムとは違い、一見すると民主主義のような体制を採るのが現代の権威主義国家の特徴でもある。「世界最大の民主主義国」と言われたインドも、ナレンドラ・モディ（昭25）政権下で、急速に権威主義化している（湊一樹『「モディ化」するインド　大国幻想が生み出した権威主義』中公選書、2024年）。

370　「レンティア」とは不労所得生活者、「レント」とは地代や不労所得といった意味。

371　内戦のリスクが高いのは、権威主義国家や健全な民主主義国家ではなく、アノクラシーと呼ばれる半民主主義状態の国なのだという。その意味で現在のアメリカは危険な状態にあると主張するのが、バーバラ・F・ウォルター『アメリカは内戦に向かうのか』（東洋経済新報社、2023年）である。

実際、２０１０（昭85）年の中国（上海）、２０１７（昭92）年のカザフスタン（アスタナ）、２０２１年のドバイ、２０３０年のサウジアラビア（リヤド）といったように権威主義国家での万博開催が増えている。

上海万博より前のすべての万博は、民主主義国家で開催されてきたから、この転換は世界の構図を反映しているとも言える。

ドバイ万博ボイコット決議

民主主義陣営としては気に食わない。ドバイ万博開催直前、欧州議会はドバイ万博に反対する決議を可決、参加国にボイコットを求めた。また国際企業にスポンサードを撤回するように呼びかけた。

大きな理由は移民労働者の劣悪な労働環境、そして人権問題だ。万博会場建設には多数の移民労働者が動員されたが、少なくない死傷者が発生したとされる。またパスポートを没収し、長時間労働と不衛生な環境での生活を余儀なくされた事例もあったという。

さらに、言論の自由が制約されているドバイでは、政府批判をした人権活動家が逮捕、長期間拘束されている。たとえばアハメド・マンスール（昭44）はアラブ首長国連邦の君主制などを批判するブログを運営していたが、二度逮捕され、一度は恩赦（おんしゃ）を受けたものの、２０１８（昭93）年には禁錮10年の判決を受けた。国連は彼らの即時釈放を求めたが、ドバイ側は聞く耳を持たなかった。

では欧州議会からボイコットを呼びかけられた参加国はどうだったのだろうか。こちらも聞く耳を持たなかった。万博史上最多である１９２ヵ国からの公式参加のもと、華やかに開催された。

さらに驚いてしまうのが、当のＥＵ（欧州連合）もちゃっかり万博に参加していたのである。女性の政治参加や持続可能な食糧システムについてのシンポジウムなどを実施した。厳密には欧州議会と欧州連合は別組織だとはいえ、「ＥＵの国会」による決議はあっさりと無視されてしまった[372]。

一方で、ドバイ万博も国際情勢に対する配慮がなかったわけではない。「ウィメンズ・パビリオン」では、いかに女性が世界にいい影響を与えてきたかが歴史と共に語られ、イスラム圏を含んだ女性の活躍が説明されていた。

欧州議会のボイコット決議ではドバイにおける女性の権利も問題になっていたが、「ウィメンズ・パビリオン」ではきちんと女性の置かれた理不尽な状況にも言及されている。「３人に１人の女性が暴力を受けた経験がある」といった具合だ。

なぜ欧州議会のボイコット決議は身内のＥＵを含めて世界中から無視されたのだろうか。一つにはボイコットという前例を作ってしまうと、もはや万博などメガイベントが開催できなくなってしまうからだろう。確かにドバイの労働環境や人権問題には憂慮すべき点がある

372　欧州議会は、ＥＵの主要機関で、28の加盟国の国民から直接選挙で選ばれた議員で構成されている。加盟国の閣僚で構成されるＥＵ理事会とともに立法を担う、ＥＵの「国会」とも言える組織だ。ただし欧州議会の決議自体には法的拘束力がないため、ＥＵや加盟国がそれに従う義務はない。

もののの、世界的に見てドバイは特別な国ではない。

帝国主義の産物である万博

実は今、世界各地で権威主義国家が増加している。ベルリンの壁が壊され、ソビエト連邦が崩壊した1990年前後、世界中が民主化への道を歩むと期待された。実際、ロシアや中国を含めて、その気運が高まった時代もあったが、昭和100年を迎える現在、起きている事態は真逆である。

スウェーデンのV-Dem研究所によれば、2023（昭98）年の「自由民主主義指数」は、冷戦期の1985（昭60）年の水準まで後退しているという[373]。世界人口の約7割に当たる57億人は権威主義国家に住んでいて、その割合は10年前から比べて48%増加している。そうした国では、施政者による言論弾圧が日常的に起こっているわけだ。

経済的にも権威主義国家の存在感が増している。中国やロシアなどから構成される国際会議BRICSのGDPは、2030年前後に主要国首脳会議G7を抜くと言われている。現在、BRICSは10ヵ国体制だが、その大半は権威主義国家だ。

もはや権威主義であるという理由で国際的な場から排除することはできないし、むしろG7に代表される「自由」と「民主主義」を基調とした西側諸国がマイノリティに転落しつつある[374]。

373 V-Dem Institute, *DEMOCRACY REPORT 2024: Democracy Winning and Losing at the Ballot*, 2024.

374 民主主義を採用している国でも、その問題点が露呈し始めている。2024年のアメリカの大統領選では、ドナルド・トランプ（昭21）とジョー・バイデン（昭17）の高齢候補同士が激突、特にバイデンの健康問題がアメリカ内で大きな議論を呼んだ。

そもそも、今でこそ世界の優等生みたいな顔をしているG7にも血塗られた歴史がある。イギリス、ドイツ、フランス、イタリアは帝国主義時代、各地に植民地を持っていた。イギリスのインド支配、ドイツによるヘレロ・ナマクア虐殺など、やがてG7となる国々は多くの犠牲を生んでいる。

1851年に始まった万博も、ヨーロッパ帝国主義時代の産物と言える。欧米列強がパビリオンの建設や展示を通して、植民地を見世物にする場所でもあったのだ[375]。各地の万博では「人間動物園」として各国から集められた人々がアトラクションとして展示された。正式な「万博」には数えないが、1907（昭-19）年と1931（昭6）年にパリで開催された植民地博覧会では、人間が檻の中で、ヌードやセミヌードで展示されたという。こうした植民地展示は1958（昭33）年のブリュッセル万博まで続く[376]。

血塗られた「自由」と「民主主義」

多くの場合、「自由」と「民主主義」を掲げる国家は、ナショナリズムを基調とする国民国家でもある。民主主義が成立するには、その構成員が一定の価値観や文化を共有していると信頼し合うことが重要だからだ。どこかで「自由」と「民主主義」の権利を持つメンバーの線引きをする必要がある。

ヨーロッパを中心に、国民国家を超越した民主主義体制を構築しようとする試みはある

375　万博学研究会編『万博学／Expo-logy』創刊号、思文閣出版、2022年。

376　ブリュッセル万博に際して建設された巨大モニュメント「アトミウム」内部は博物館と展望台として整備されている。当時の楽観的な科学・宇宙観を紹介する場所になっているが、植民地支配に対する反省は主題となっていない。

が、その実現には困難がつきまとう。

かつて歴史学者のフランシス・フクヤマ（昭27）は、冷戦の崩壊と共に世界中の国がリベラル民主主義に収斂（しゅうれん）していくだろうと予測した。だがそのフクヤマでさえ、国民国家を超えた民主主義体制の誕生には悲観的だ[377]。

原則論として、国民国家は多様な民族や人種を包摂するのに向かない。一定の条件を満たした「国民」を平等に扱うのが国民国家であり、原理的に「外国人」に対して、「国民」と同一の権利を与えるのは難しい。

この国民国家の歴史は古いものではない。ウェストファリア体制下に萌芽が生まれ、18世紀から19世紀にかけてナショナリズムの台頭と共に国民国家が誕生した。そのナショナリズムが最悪の形で発露したのが20世紀の世界大戦だ。

過去のどの時代よりも多くの命が、国家のために落とされた。その意味で、「自由」と「民主主義」の歴史は血塗られているのである。

今なお続くイスラエルとパレスチナの紛争も、国民国家体制の限界を露呈していると言える。オスマン帝国時代は緩やかな秩序によって共存していた人々が、無理やり国境で分けられ、「国民」や「民族」という意識を焚きつけられるわけだ。

その意味で「帝国」に希望を見出す論者もいる[378]。人類史を振り返れば、帝国の歴史は国民国家よりもはるかに古い。ローマ帝国にしてもペルシア帝国にしても、広大な領土を支配し

377　フランシス・フクヤマ『新版　歴史の終わり』2020年、三笠書房。

378　柄谷行人『帝国の構造　中心・周辺・亜周辺』岩波現代文庫、2023年。

た帝国は、多様な民族・国家を統合する原理を持っていた。

一方の国民国家は、住民の同質性や文化の共有を前提とするので、帝国のように多様性を包摂するのには向いていない[379]。

現代において、「帝国」に近いのは民主主義国家ではなく、権威主義国家だろう。権威主義国家は、選挙や世論に関心を払う必要がないので、あくまでも原理としては多様な民族を統合するのに向いているかも知れない[380]。

2 ドバイで見つけた未来

ドバイ万博・未来の跡地

ドバイが威信を賭けて開催した万博の跡地に行ってきた。僕が訪れたのは2024年5月だから、万博が終了してから2年強が経った頃となる[381]。

万博会場はブルジュ・ハリファなどが位置する中心部からは離れた場所にあるが、万博開催と同時に開業した地下鉄で行くことができる。地下鉄レッドラインの終着駅に当たり、近付くにつれて景色は荒野と化し、乗客もほとんど消えていく[382]。

万博跡地は「エキスポシティドバイ」という名称の開発エリアとなっている。代表的なパ

379　住民の同質性を前提とする国民国家は、どれほど巨大になったところで帝国を建国することはできない。だから国民国家が拡大してもそれは「帝国主義」にしかならないというのだ。

380　ミャンマーにおけるロヒンギャ問題など、実際の権威主義国家では少数民族への弾圧などが起きている。

381　夜になっても煌々と輝くドバイ国際空港に到着して、入国審査を済ませると、「首長国へようこそ」と書かれた無料SIMカードをもらえた。思わず「さすが」と感じてしまった。

382　ドバイの地下鉄には日本のグリーン車に相当する「ゴールド・クラス」があった。

ビリオンは残され、近隣一帯が再開発の最中だ。最終的には学校や病院も建設され、文字通り「未来都市」を誕生させる計画なのだという。

エキスポシティ

今はまだ未来都市は影も形もない。展望台には長蛇の列ができるブルジュ・ハリファとは違い、ほとんど来場者の姿もなかった。

だが各パビリオンに行くときちんとスタッフがいて、ほとんどプライベートツアーのようなかたちで内部を案内してくれる。プロジェクションマッピングを活用したアラビアの歴史紹介、女性の活躍に焦点を当てた真面目な展示、未来社会とテクノロジーをテーマにしたゾーンなど、どれも工夫が凝らされていて、それぞれのパビリオンが通常の博物館ほどの見応えはある。

それにもかかわらず広大な「エキスポシティ」の中で、僕と同時間帯にいた来場者は誇張ではなく10人以下だと思う。心配になってスタッフに聞いてみると、いつも閑散とした状況なのだという。「万博開催中は賑わっていたし、その時にみんな

エキスポシティの巨大ドーム

来ちゃったんじゃない？　便利な場所でもないしね。でも空いてていいでしょ」

　確かに各パビリオンは何度も訪れたくなる性質のものではない。そして混雑しながらパビリオンを回るよりは、プライベートツアーのほうがありがたいのも事実だ。レンティア国家なので採算は気にしなくても問題ないのだろう。[383]

　昇降型の展望台「ガーデン・イン・ザ・スカイ」に乗ると、会場跡地の全貌が見渡せた。主要パビリオンが残されているため中心部は「人気（ひとけ）のない未来都市」、そして開発の進む周辺部は「廃墟になった未来都市」という雰囲気だった。

開発中の都市というのは、どうしても廃墟と似てしまう。骨組みや外装が未完成の建物が、放置され破壊されているように錯覚するからだ。

　だが実はその廃墟というのは、ドバイの未来として十分にあり得る姿なのだという。アラブ首長国連邦の豊かさを支えている石油の掘削量には限りがあるからだ。

383　だがレンティア国家でも国家威信は重要なはずで、ここまでエキスポシティに来場者が少ないことは問題になりかねない。

突然、大富豪になったら何をする？

今でこそドバイやアブダビなどアラブ首長国連邦は豪華絢爛な印象があるが、昔はアラビア半島の片隅に位置する小国に過ぎなかった。

アラビア半島はアフリカ大陸に近いこともあり、10万年以上前からホモ・サピエンスが活動していた痕跡が見つかっている。だがアラビア半島というのは、文明の中心から外れた「田舎」だった。

紀元前3500年（5500年前）になると、メソポタミア（今のイラク周辺）で初期国家が誕生し、古代オリエント文明が花開いていくのだが、半島が中心地になることはなかった。

人類史最速で文明が花開いたメソポタミアと違い、雨がほとんど降らない不毛地帯だったので、農業の開始が遅れたのだ。アラビア半島で本格的な農業が始まるのには、灌漑（かんがい）や地下水利用という高度な技術が必要だった。

7世紀、そんな「田舎」のアラビア半島に転換点が訪れた。メッカでイスラム教が誕生し、オリエント世界を席巻したのだ。

だがイスラム教は勢力拡大のために移住（ヒジュラ）を推奨し、若者は半島を出てしまった。メッカとメディナは巡礼者ビジネスで恩恵を受けたものの、アラビア半島は過疎の田舎に逆戻りしてしまった。そもそも家畜の遊牧が生活基盤のベドウィンからすれば、イスラム化の影響もほとんどなかったのだろう。

その意味で、アラビア半島にとってはイスラム教の影響よりも、20世紀の石油発見のほうが大きな影響があったようだ。[384] 遊牧やナツメヤシ栽培、漁業などで細々と生計を立てていた国々が、短期間で大富豪になったわけである。小説や漫画でも「嘘っぽい」と言われそうな奇跡が起きたのだ。

1920年代、バーレーンではアラブ諸国として最初に石油が発見され、1931年より本格的な採掘が始まった。[385] クウェートは1938（昭13）年にブルガン油田が見つかり、富裕国の一員となった。カタールでも1940（昭15）年に油田が発見され、さらに世界有数の天然ガス田も発見されている。このようにアラビア半島の国々が次々と成金国家として台頭していくわけだ。

かつてのドバイは真珠採取と貿易を主な産業とする小さな港町に過ぎなかった。日本の養殖真珠の登場や世界的な不況により、真珠産業の衰退したドバイを救ったのも石油だった。1966（昭41）年にドバイ沖に海底油田が発見され、急激に都市開発が進んだ。期を同じくして、軍隊を駐留させる経費に耐えきれなくなったイギリスが撤兵を宣言、1971（昭46）年にドバイやアブダビを中心としたアラブ首長国連邦が誕生する。[386]

独立後のアラブ首長国連邦は、石油収入を背景に驚異的な経済成長を遂げた。1985年には経済特区を設置、エミレーツ航空が創設され、本格的に国際都市への舵を切る。2010年にはブルジュ・ハリファが完成した。中東の建築物が世界一の高さとなるのは、古代メ

384 蔀勇造『物語 アラビアの歴史 知られざる3000年の興亡』中公新書、2018年。

385 石油収入によって経済的な自立が可能なため、アラブ首長国連邦には加わらなかった。

386 19世紀からドバイはイギリス帝国の保護領になっていた。独立できて嬉しそうなものだが、小規模首長国にとっては衝撃だった。何せイランとサウジアラビアといった大国に隣接している上、当時はアラブ統一と君主制打倒を訴えるアラブ民族主義が台頭していた。そこで7つの小首長国による連邦体制が成立した（細井長編『アラブ首長国連邦（UAE）を知るための60章』明石書店、2011年）。

ソポタミアの神殿「ジグラット」以来、実に３０００年ぶりのことである。[387]

だがその繁栄は永遠に続くのだろうか。ドバイはどのような未来を描いているのだろうか。

２１１７年の火星入植

万博終了後の２０２２（昭97）年、ドバイに新しい巨大ミュージアムが誕生した。その名も未来博物館。入場券は約６３００円、優先入場券に至っては約1万７０００円。[388] さすが未来である。

まず紹介されるのは宇宙だ。ドバイからロケットに乗って宇宙ステーションや月面基地へ向かうという演出から始まる。やはり未だに「未来＝宇宙」なのかと感慨深くなるが（２章）、実は近年のアラブ首長国連邦は、宇宙に関して前のめりなのである。

２００９（昭84）年には初の国産人工衛星「ドバイサット１」を打ち上げ、２０１４（昭89）年にはＵＡＥ宇宙庁が設立され、建国50周年に当たる２０２１年には火星探査機「ＨＯＰＥ」が火星軌道に到達した。[389] 最終的には２１１７（昭192）年までに人類の火星入植を目指す「Ｍａｒｓ２１１７プロジェクト」を計画している。[390]

このプロジェクトは本気で火星を目指すというよりも、厳しい気候での居住環境を想定することで、地球で起き得る未来に備えるという意味もある。

これから異常気象によって地球が住みにくくなると主張する研究は多い。だが最悪の想定

387　松葉一清・野呂一幸『ドバイ〈超〉超高層都市　21世紀の建築論』鹿島出版会、２０１５年。

388　２０２４年現在。１ＡＥＤを42円で計算。

389　打ち上げには日本のH-ⅡAロケットが使用された。失敗した日本版スペースシャトル「ＨＯＰＥ」と名前が一緒なのが若干気になる。

390　Mohammed bin Rashid Space Centre eds. *The Race to Space: The Story behind the Mohammed Bin Rashid Space Centre, the Home of the UAE National Space Programme*, 2019.

未来博物館

未来＝宇宙

が現実になったとしても火星よりはマシだろう。つまり火星で居住できる環境が作れるなら、人類は未来の地球にも住み続けられることになる。

そもそも中東の環境は過酷だ。ドバイの場合、比較的過ごしやすい冬を除き、4月から11月まで平均最高気温は30℃を超え、真夏には50℃を超えることもある。僕が訪れた5月でさえ、日中は屋外を歩くのは数分が限界だった。

ドバイに摩天楼が建ち並ぶのは、屋外に出ずとも生活が完結するように、都市設計を効率化した結果とも言える。その意味でも、すでにドバイは温暖化が激しく進んだ未来を体現している街でもあるのだ。

環境省は2100(昭175)年には東京の最高気温が43・3℃になっているという「未来の天気予報」を公表しているが[391]、それでも現在のドバイの夏よりははるかに過ごしやすい気候である。仮に日本の気温が上昇しても、ドバイのように超高層ビルなど屋内で生活が完結する都市を設計することは可能なはずだ[392]。

月世界の廃墟(ただし灼熱)

だが豪奢な未来都市は、果たして持続可能なのだろうか。

ドバイの石油生産は1991(昭66)年にピークに達し、その後は徐々に減少している。2030年代には枯渇してしまうという予測もある。そのため石油に依存しない収入源を求め、観光、不動産、金融業などを発展させてきた。既にドバイではGDPに占める石油収入の割合は1%未満になっている。

一方、サウジアラビアやクウェートは豊富な石油埋蔵量を誇り、21世紀中は枯渇の心配はないとされる。各国はドバイのように石油に依存しない経済の多角化を進めているが、富の配分が滞れば国家は存続の危機に瀕する。アラビア史を振り返っても富を配分できない首長は支持を失い、決まって新しい国が生まれる。

歴史学者の蔀勇造(昭21)は次のような22世紀を想像する。アラビア半島は「月世界のよ

391 環境省「2100年 未来の天気予報」2019年7月8日公開。
392 日本は南北に長い列島を持つので、急激な温暖化が進展した場合は、北海道に遷都するという選択肢もあり得る。

うな砂漠に都市の廃墟が広がるという、近未来映画で見るような光景を呈しているかもしれない」[393]。

中東各国で石油が完全に枯渇した時、もしくは地球経済が完全に石油依存を脱する時、「月世界のような砂漠」が現実のものとなる可能性はある。

興味深いのは、そんな22世紀をも示唆するような未来博物館の展示だ。宇宙から始まった博物館は、今以上に超高層ビルの建ち並ぶ未来のドバイを紹介した後で[394]、クライマックスに「幸福」ゾーンを用意している。

これだけ技術が進歩したはずなのに、未だに孤独や不安といった問題は解決されない。そこで心を整え、他者とつながることが重要なのだという。それを具現化した展示はひどくスピリチュアルだった。「運動セラピー」では裸足で歩き心と身体を整える、「静寂セラピー」では横になり瞑想をする、そして「つながりセラピー」では他の来場者と共に共同作業をする、といった具合だ。

そういえばドバイ万博のメインテーマも「心をつなぎ、未来を創る」だった。確かに未来になっても、「心」の問題は解決されないだろう。数世紀が経っても、人類は相変わらず恋に悩み、友情に助けられ、嫉妬に苦しめられているはずだ。

中東が無限の発展を続けても、もしくは「月世界のような砂漠」になっても、「心」や「幸福」は問題であり続ける。その意味で、未来博物館が「幸福」ゾーンをクライマックス

393　蔀勇造『物語　アラビアの歴史　知られざる3000年の興亡』中公新書、2018年。

394　未来になってもきちんと未来博物館は残っているようだった。

に置いたのは慧眼と言っていい。

案内用アンドロイドに見送られながら未来博物館を後にする。気温30℃を超える熱気に包まれた。未来を経験してきたせいか、炎天下に立つ警備員や、植物の管理をする作業員の姿がやたら目に付いてしまう。ブルジュ・ハリファでさえ窓清掃は清掃員が高所から吊されながら行っている。本来はこうした業務こそアンドロイドに任せられないものなのか。

３　未来予測はなぜ外れるのか？

ＮＨＫが夢見た未来

２０１５（昭90）年、ＮＨＫで「NEXT WORLD」というスペシャル番組が放送された。[395]当時21歳だった神木隆之介（昭68）がナビゲーターとなって、30年後の未来を予測する番組だ。

人々は「知能端末」と呼ばれる機器を身につけ、人工知能の未来予測に従い生きている。起床時間にも歯磨きにも自転車の運転にも「知能端末」は関与してくる。人生予測ソフトで大学の専攻を決め、脂肪増減予測アプリで毎日の食事も決める人もいる。

人間の寿命は１００歳を超えている。再生医療と医療用３Ｄプリンターの普及に加えて、

395　NHK「NEXT WORLD　私たちの未来」２０１５年１月３日～２月８日放送。

若返りを可能とする新薬が登場したためだ。人間がロボットを装着し身体能力を強化するのは当たり前、さらに人間そっくりのアンドロイドマネキンも普及している[396]。

東京湾には高さ2000メートルの超高層ビルがそびえ、そこに数十万人が暮らしている。このビルのおかげで東京の過密は解消され、満員列車は過去のものとなった。

人類は本格的に宇宙へと進出している。「人間のフロンティアはどこまで広がるのか」と題された最終回では、主人公が火星への移住を決めることで物語は終わる。「人間が進む一番未来」へ飛び込もうと決意するのだ。

10年近く前の番組だが、要素だけを見ればドバイの未来博物館と共通点が多いのがわかる。特に宇宙や超高層ビルという「未来」は20世紀から繰り返し提示されてきた未来の焼き直しである。

NHKが1992(昭67)年から1993(昭68)年にかけて放送していた「ザ・スペースエイジ　宇宙への挑戦」では、2014年に人類が火星に到着する様子が描かれていた(2章)。2014年というのは、「NEXT WORLD」放送の1年前である。かつての予測が外れたことを悪びれもせず、メディアは性懲りもなく数十年後の未来を提示し続けるのだ。

もちろん、これはメディアの問題というよりも、「未来」もまたきわめて時代に拘束されるということの象徴でもある。

396　その前年の2014年、日本エレキテル連合という一発屋による家事用アンドロイド「未亡人朱美ちゃん」というコントが流行していた。

昭和人はなぜ巨大建造物を作りたがるのか

日本ではバブル期以降、超高層ビルの計画がたびたび発表されてきた。たとえば竹中工務店は1989（昭64）年に「スカイシティ1000」、大林組も同年に「エアロポリス2001」を発表した。それぞれ超高層ビルの中に一つの街を作ってしまおうという構想で、学校や職場、居住地へエレベーターの上下移動だけで行けてしまうというのだ。

他にも、清水建設の「TRY2004」、大成建設の「X-Seed（エクシード）4000」など数千メートル級の超高層ビルが続々と提案された。

きわめつきは、1992年「国連環境開発会議」で早稲田大学のプロジェクトチームによって発表された「東京バベルタワー」プロジェクトである。何と高さ1万メートルの建物を、山手線内側の敷地一杯を使って実現させようというのだ。

底辺の直径10キロメートルの円錐形の建物で、建物の延べ床面積は17万ヘクタール。関東地方の人口3000万人をこのバベルタワーに移住させる計画なのだという。富士山はおろか、ヒマラヤよりも高いこの建物は成層圏に近く、最上層部には宇宙船の打ち上げ場などが計画されていた。何と建設期間は100年から150年だという。[397]

当然ながら、こうした超高層ビルプロジェクトは、一つとして実現することはなかった。

もちろん、当時の人も本気でTRY2004や東京バベルタワーを建設したかったわけではないだろう。だがバブル時代の後遺症が、このような壮大なプロジェクトを構想させたこと

397　尾島俊雄『千メートルビルを建てる　超々高層のハードとソフト』講談社選書メチエ、1997年。

は想像に難くない。

繰り返される「同じ未来」

なぜ未来予測は外れるのか。まず大前提として、技術的に可能なことと社会的に可能なことは別なのだ。国家を傾けるほどのお金をつぎ込み、人命を軽視してもいいのなら、海上都市も火星探査も実現できるだろう。

だが、あらゆる未来は、人々の生きるこの社会でしか現実のものにならない。そこには財政、倫理などさまざまな制約がかかる[398]。

ブルジュ・ハリファが実現できたのは、権威主義国家ドバイが「世界一の高さ」という称号を欲したからだろう。つまり象徴的な意味が強い。８２８メートルという高さを実現するために、内部は9メートル間隔で壁が設けられていて、使い勝手が悪いビルだとも言える[399]。

あり得なかった高さを現実のものにしたという点でブルジュ・ハリファは画期的だが、超高層ビルという発想自体は20世紀以来の「古臭い」ものである。

その上で注目したいのは、いつの時代も人類は、その時代の延長線上に「未来」を考えてきたという事実だ。

たとえば古代から中世にかけても「未来記」などというかたちで予言者は未来を語ってきたが、誰もインターネットや超高層ビルの登場など予測できていない。

398　もちろんテクノロジーの限界もある。最も求められながら一向に実現しない技術が地震予測だろう。東日本大震災の数年前、政府機関の地震調査研究推進本部は全国地震動予測地図として、各県庁所在地が今後30年以内に震度6以上の地震に見舞われる確率を示しているのだが、２００８年の段階で福島は０・１％、２００９年になっても０・９％だった（地震調査研究推進本部地震調査委員会「全国地震動予測地図」２００９年）。

399　松葉一清・野呂一幸『ドバイ〈超〉超高層都市』鹿島出版会、２０１５年。

それはたった半世紀前も同じだ。戦後の工業化の時代において、未来予測の定番と言えば、「空飛ぶクルマ」や「ロボット」だった。それは人々が工業の実現する豊かさの中にいたからだ。自動車が普及して、テレビが各家庭に入り、徐々に飛行機が一般的になった時代において、人々は工業が無限に発展していく世界を夢見ていた。

だがテクノロジーを元にした未来予測は往々にして外れる。ほとんどの昭和時代の未来予測は、インターネットの登場を予見できていなかった。

こうした「昭和の夢」に束縛されているから、NHKが「NEXT WORLD」のような番組を放送してしまうわけだ[400]。

不思議なことを言っているのは「NEXT WORLD」だけではない。経済産業省は2018年になって空飛ぶクルマの実現を目指す官民会議を立ち上げた[401]。総務省も、2030年代に実現させたい未来として、空陸両用の「クルマヒコーキ」、人手不足解消の切り札となる「全自動農村」、日常生活をケアしてくれる「お節介ロボット」などを提案している[402]。この提案自体がお節介である。

省庁の掲げる「未来」が昭和に縛られているのは残念なことだが、実際の昭和時代には国家官僚によるまともな未来予測も存在した。通商産業省の官僚だった堺屋太一（昭10）の『団塊の世代』だ[403]。

1976（昭51）年に書かれた近未来小説は、その後の高齢化社会やシルバーデモクラシ

400　偉そうに批判しているが、僕も他人のことを笑えない。本書で試みた「戦後100年」という未来予測は、ほとんどが外れてしまうだろう。

401　経済産業省「空の移動革命に向けた官民協議会」2018年。本当に空飛ぶクルマが普及したら、空の渋滞が起こったり、違法航空を取り締まるために警察OBが幅をきかせてきたり、ろくなことがなさそうである。

402　総務省情報通信審議会「未来をつかむTECH戦略」中間とりまとめ、2018年。

403　堺屋太一『団塊の世代 新版』文春文庫、2005年。連載は1976年。

ーをかなり正確に予言していた。それは同書が、技術ではなく、人口動態や社会保障、財政という観点を含めて日本の未来を考えていたからである。

未来を見失ったインターネット博覧会

大阪万博の立役者だった堺屋は、その成功体験ゆえなのか何でも「万博」で解決しようとする「万博おじさん」になってしまった。その発想は情報化社会とは非常に相性が悪く、「インターネット博覧会」（インパク）という珍妙なイベントさえ実現させてしまった。

当時の日本政府は2000（昭75）年から2001（昭76）年にかけて、インターネット上で博覧会を開催した。現代人にとっては意味が不明だろうが、110億円の税金を投入して、国主導のウェブサイトを作ったのだ。テレビCMまでが放送され、当時は日本のインターネット利用者の約5割が公式サイトにアクセスしたという。[404]

だが振り返れば、インパクに何の意味もなかったことは明白である。インパクなどなくてもインターネットは普及したし、何よりまったくレガシーを残せなかった。会期終了後、さっさとサイトは閉鎖され、人々の記憶からも忘れ去られてしまった。

当時、講談社は『インパク公式ガイド』なる書籍を出している。[405] その中で堺屋はインパクの意義を次のように述べる。

「インターネットが普及すれば、ホームページの数が限りなく増えて、それぞれどんな特色

404　会期中に当たる2001年のインターネット普及率（個人）は46・3％だった（総務省「通信利用動向調査」）。

405　総務省新千年紀記念行事推進室監修『インパク公式ガイド』講談社、2001年。インターネット上の博覧会にガイドブックを作るという発想が今から思えば斬新である。

があるのかわからなくなってしまう。そこで「ゲート」を設置し、便利で楽しい「会場」を作るのがインパクなのだ」

当時の堺屋は「検索」という概念を理解していなかったようだ。現代、インターネット上には2001年をはるかに超える数のウェブサイトが存在しているが、グーグルなどの検索サイト、ChatGPTなどのAIを適切に使えば、簡単に目的の情報にたどり着くことができる。ネット上でわざわざ「ゲート」など設置する必要はないのだ。[406]

オンラインでも行列待ち

インパクに対してまともなことを言っていたのは瀬戸内寂聴（昭-4）である。「テレビと違って、インターネットは自分で選ぶことができるから良いと思います」と肯定的に評価しながら、「待ち時間がもっと短くなるともっともっと便利になるでしょう」と愚痴る。

当時、パソコンの処理速度や、通信速度の関係で、ウェブサイトを見るにも異様に時間のかかる場合があった。インパク時代のネットには不便な点が多く、瀬戸内の不満は至極真っ当なものだ。実際、晩年の瀬戸内寂聴はスマートフォンを愛用していたという。

現在の日本で、グーグルやメタのような世界規模のインターネット企業は存在しない。だが実はインパクが開催されていた頃には、まださささやかな可能性はあった。

たとえば21世紀初頭において、日本はアメリカよりもブロードバンドの整備が進んでい

406　2020年代に同じ間違いを繰り返そうとしているのがメタバースである。一瞬でどの情報にもアクセスできるのがネット空間の特性なのに、わざわざメタバース上でアバターを歩かせる意味がわからない。

た。[407]だから本当は日本からＮｅｔｆｌｉｘのような世界的な映像サービスが生まれてもおかしくなかったのだ。しかもその頃は、日本のドラマや映画のレベルは非常に高く、韓国から参考にされるほどだった。

だが放送や通信業界への新規参入の難しさという規制と慣習に阻まれ、日本版Ｎｅｔｆｌｉｘが生まれることはなかった。ようやくアメリカで光通信が普及し、Ｎｅｔｆｌｉｘがネット配信サービスを始めたのは２００７（昭82）年のことだ。

また２００４（昭79）年にはファイル共有ソフト「Ｗｉｎｎｙ」の開発者であるプログラマー金子勇（かねこいさむ）（昭45）が逮捕され、インターネット業界に衝撃を与えた。２０１１（昭86）年に金子は無罪が確定するものの、同時代のプログラマーに与えていた影響は大きい。

同様に２００４年からプロ野球球団やラジオ局の買収を企て、社会を大いに騒がせた堀江（ほりえ）貴文（たかふみ）（昭47）が、２００６（昭81）年に逮捕された「ライブドア事件」は、しばらくの間、トラウマのような禍根をインターネット業界に残した。

結局、平成時代は世界時価総額ランキングのトップに食い込むようなＩＴ企業をただの一社も生み出すこともできなかった。インパクが象徴するのは、昭和型の感性のままでインターネット時代に突入してしまった日本の哀れな姿である。

確実な未来予測を無視した日本

407　ソフトバンクの攻勢もあり、２００１年の時点で日本のＩＳＤＮ回線普及率は１０００万契約を超えていた。

本来、堺屋太一や日本政府が取り組むべきは人口政策、特に少子化対策だった。特に堺屋は他ならぬ『団塊の世代』の著者なのである。

現在でこそ少子化が社会問題として取り上げられる機会が増えたが、日本の子どもが増えるラストチャンスは、まさにインパクが開かれていた2000年代初頭だった。

この国で人口ボリュームが最も多いのは団塊の世代、続いて彼らの子ども世代にあたる団塊ジュニア世代である。2000年代というのは、団塊ジュニア世代の結婚・出産適齢期だった。つまり本当は当時、「第3次ベビーブーム」が起こる可能性もあったのだ[408]。工業社会であろうと情報社会であろうと、国家や社会の基盤に人口があることは変わりがない。

出生率や死亡率に多少の増減はあるものの、人口は急な変化がないため、数十年先のことが予測しやすい。逆にいえば、数十年単位の未来予測をする場合、人口以外に信頼に足るデータはない。つまり未来予測の基本は人口なのだ。

大まかにいって、経済が発展しやすいのは「若者が多い国」である。まず消費者としての若者が多いとモノが売れる。一方で労働力が豊富なので人件費は安く抑えられる。さらに医療・年金など社会保障費の負担も少なく済む。いいことずくめのこの時期は「人口ボーナス期」と呼ばれる[409]。

もし2000年代の日本が本当に「未来」を見据えていたならば、何としてでも「異次元

408　1990年代は、やがて訪れる「第3次ベビーブーム」に期待して、当時の厚生省は大した少子化対策は打ち出さなかった。厚生省や内閣府で少子化対策を担当した人物は「第3次ベビーブームが来るだろうという楽観的予測」があり「心配しなくても大丈夫だろうという甘さが厚生省にあった」と証言している（NHKスペシャル「私たちのこれから」取材班『超少子化　異次元の処方箋』ポプラ新書、2016年）。ただし「ウェルカムベビーキャンペーン実行委員会」を作り、歌の力で少子化を食い止めようとした。国とは珍妙なことを考える。

409　日本では1955年から1990年頃が当てはまる（3章）。

の少子化対策」に踏み切るべきだった。だが少子化が社会に影響を与えるのは文字通り「未来」である。子どもが生まれてから、労働者や消費者として育つのには約20年かかる。少子化対策は後回しにされ、介護保険法の準備など、高齢社会への対応が急務とされた。

最も確実な未来予測である人口を無視し続けた日本は、高齢社会への道を突き進んでいる。

「10年後消える仕事」の嘘

メディアアーティストの落合陽一（昭62）は、人口減少と少子高齢化に対して「テクノロジーで対処していくことができるので、何の問題もありません」と断言する。[410] ホワイトカラーの仕事はほとんど機械化が可能だし、自動運転やロボット技術によってあらゆる運搬業務も機械化できるというのだ。

一見新しいように見えて、きわめて古臭い議論である。1960（昭35）年に科学技術庁が監修した未来予測『21世紀への階段』でも、「オートメーション」の実現により人は労働から解放され、いずれは「機械が経営する時代」が訪れると述べられていた。[411]

だが当時、挙げられていた「オートメーション」とは、駅の自動改札や工場の自動化、室温の自動調節、文字の音声入力などのことなのだ。ほとんどは実現しているにもかかわらず、人間は全く労働から解放されていない。なぜなら新産業は、新しい労働需要を生み出すからだ。

410　落合陽一『日本再興戦略』幻冬舎、2018年。「男女を平等に扱うべきという西洋的な考えにはくみしません」「子育ては母乳が出る母が主に担当したほうが、合理的な面もある」など昭和型の思考が埋め込まれ、「懐かしい未来」を体現していた一冊。

411　科学技術庁監修『復刻版　21世紀への階段　40年後の日本の科学技術』弘文堂、2013年。

つまり社会の「機械化」は進んでも、元の職場から人間は完全に消えるわけではなく、新しい仕事が次々に誕生していく。

人口減少と少子高齢化をテクノロジーの力で乗り切ろうと考えたのは落合だけではない。2013（昭88）年、マイケル・オズボーン（昭57）らは「雇用の未来」という論文を発表、702種類の職業を対象に、10年から20年以内にコンピュータに代替される可能性の高い仕事を分析した[412]。彼らによれば、アメリカの雇用者の約47％の仕事が、自動化されるリスクが高いという結論が得られたのだという。

この世界中で話題になった論文によれば、トラック運転手や配達員、会計士から薬剤師までさまざまな分野の仕事が機械に代替されるのだという。

だが既に2013年から10年以上が過ぎた。「消える」とされたほとんどの仕事は未だに現役である。むしろ配送業などは人手不足が社会問題になるほどだ。一応「10年から20年」ということなので、あと猶予は9年あるが、果たしてその期間でトラック運転手も配送業もこの世界から消えることがあり得るだろうか。

412 Frey, C. B., & Osborne, M. A. (2013). The Future of Employment: How Susceptible Are Jobs to Computerisation? Oxford Martin School, University of Oxford.

仕事は減らず、顧客の業務が増えた

この分野に関して、冷静な議論をしているのが雇用ジャーナリストの海老原嗣生（えびはらつぐお）（昭39）である。海老原によれば、2030年頃までに人工知能に代替される仕事は、せいぜい9％

程度だという。[413] 技術的に可能でも、費用対効果が見合わなければ人工知能への代替は起こらないし、人間の作業は複数のタスクが組み合わさっているからだ。

宅配ドライバーを例にとっても難題が山積している。仮にマンションの入口までは自動運転が実現したとしても、部屋ごとに荷物を届けるには別の技術が必要だ。宅配ボックスを解錠したり、代引に対応するには、さらに高度なロボティクスの技術が求められる。

広い個人宅ならドローンで庭先に荷物を落とせそうなものだが、それも雨ざらしになるリスクがある。[414] 膨大な金額と時間をかけて宅配ロボットを開発するなら、まだ人間に頼ったほうがはるかに安上がりというわけである。落合の議論がいかに机上の空論かがわかる。

この10年で自動化が進んだように見える分野もある。スーパーやコンビニのセルフレジは普及しつつあるし、一部レストランでは配膳ロボットが活躍している。だが海老原に言わせれば、これは業務の一部を客にさせるセルフサービス化に過ぎない。

確かに無人レジでは「バーコードの読み取り」「支払い」「袋詰め」が客の仕事になった。配膳ロボットもしてくれるのは運搬業務だけで、実際に料理を持ち上げ、テーブルに配膳するのは客である。実際にはサービスがレベルダウンしているのに、何となく未来っぽいロボットに騙されているのだ。

本来、人工知能が得意なのは「パソコンやスマホの中で完結する仕事」である。経理や法務などの事務作業は自動化が進んでいくだろう。[415] また薬局での調剤業務くらいなら自動化が

413　海老原嗣生『「AIで仕事がなくなる」論のウソ　この先15年の現実的な雇用シフト』イースト・プレス、2018年。

414　海老原嗣生「「AIで仕事がなくなる」論文から10年の検証」『中央公論』2024年8月号。

415　まさにこうして本を書くことも「パソコンやスマホの中で完結する仕事」である。実際、既に人工知能に書かせた電子書籍は多く出版されているし、文章の「水増し」のために人工知能を使っている著者も多いのだろう。読者もまた人工知能に本を要約させるだろうし、レビューや批評を人工知能に書かせるのは難しくない。もはや人間は本を書かないし読まないといった時代が訪れるのだろうか。

進んでいくと予測される。

憧れの仕事から消えていく

興味深いのは、「パソコンやスマホの中で完結する仕事」には、いわゆる「憧れの仕事」が多いことだ。弁護士や会計士などの士業は社会的地位も収入も高い。だが彼らの業務のうち、対面で会う必要のない純粋に書類で完結するような仕事は部分的に人工知能に代替されていくだろう。

また漫画家やイラストレーター、小説家、音楽家に憧れる人は多いが、「絵を描く」「文章を書く」「作詞・作曲」というのも人工知能が得意とする分野だ。まだ完全に人工知能だけで作られた作品は少ないが、漫画の背景や音楽のトラックという意味なら、非常に高いレベルの制作物を生み出すようになっている[416]。

同様に、ハリウッドでも労働組合のデモ活動が起こるほど、俳優や脚本における人工知能の活用は現実の出来事となりつつある。

一方で、しばらくの間は人間の仕事として残りそうなのが、介護や保育などケア労働だ。部分的には機械化が進むかも知れないが、完全に介護士や保育士の代わりになるロボットの誕生にはまだ時間がかかるだろう。人工知能の進化速度と、ロボット技術の進化速度は違うからだ。

416　あるK-POPアーティストの新曲は本人ではなくAI歌唱によって作られたものだが、世間は誰も気が付いていない。

「未来都市」アスタナの作業員

2040（昭115）年頃、日本の高齢者人口はピークに達する。団塊の世代は約90歳、団塊ジュニア世代が約70歳となるのだ。

厚生労働省の試算によれば、2040年度に必要な介護職員数は約272万人で、現在と比べて約57万人の人材増が必要となる。[417]だが高齢化によって、2040年までに労働力人口が1割以上減少するという推計もあり、[418]深刻な人材難になることが予測されている。

日本に待っていそうなのは、「憧れの仕事」ほど人工知能に代替され、介護などの肉体的・精神的な重労働が人間の仕事として残される近未来だ。それが人口という一番確実な未来予測を無視して、インパクトに浮かれていた代償である。

もっとも「憧れの仕事」が消えるのは日本だけではない。僕が最近訪れたドバイ、アスタナ、ラスベガスといった一見すると眩しい未来都市でも、街には多くの清掃員や交通作業員がいた。おそらくそうした仕事は、しばらくの間、人間社会から消えることはないのだろう。

本当に月面基地や火星基地への移住が実現したとして、誰がその建築物を作り、誰がメンテナンスをするのか。誰がトイレ掃除をして、誰が窓を拭くのか。平等なユートピアとして

417　厚生労働省「第9期介護保険事業計画に基づく介護職員の必要数について」2024年7月12日。

418　経済成長がなく、労働参加率が上がらなかった場合、労働力人口は2022年の6902万人から、2040年に6002万人まで減少するという試算がある（労働政策研究・研修機構「2023年度版　労働力需給の推計　労働力需給モデルによるシミュレーション」2024年3月11日）。

描かれがちな未来都市や宇宙基地に、労働者はいないというのだろうか。「ザ・スペースエイジ」や「NEXT WORLD」などのキラキラした未来予測からは、そうした視点が欠如しがちである。

４　幸福な平成時代

多幸感に満たされて

１９８９年に昭和は終わり、日本では平成が始まった。今から振り返れば、平成というのは希望に満ちていた、きわめて特殊で、きわめて幸福な時代だったのかも知れない。

平成時代はバブル経済崩壊と共に始まったが、ちょうど団塊ジュニア世代が20代であり、エンターテインメント産業は好調だった。ジュリアナ東京やヴェルファーレが開業し、小室哲哉（昭33）に代表される刹那的なダンスソングが流行していた頃だ。

日本における小売業販売額の一つのピークは１９９６（昭71）年である。[419] １９９５（昭70）年には『週刊少年ジャンプ』の発行部数は６５３万部を記録、音楽ＣＤでも１９９６年は「名もなき詩」「DEPARTURES」など２００万枚以上のベストセラーが続発した。国内の書籍・雑誌の販売部数は１９９６年、ＣＤの販売枚数は１９９８（昭73）年にそれぞれピー

419　経済産業省「商業動態統計」。全国の百貨店やスーパー、通信販売などあらゆる売上を合算したものだが、燃料小売業を除いてそれ以降減少の一途を辿っている。

クを迎えている。

ただ消費活動が旺盛だっただけではない。平成は、昭和に比べればはるかに平和な時代でもあった。

平成最後の天皇誕生日となる2018年12月23日、「天皇陛下の記者会見」の模様が公開された。その中には、次のようなフレーズが登場する。

「先の大戦で多くの人命が失われ、また、我が国の戦後の平和と繁栄が、このような多くの犠牲と国民のたゆみない努力によって築かれたものであることを忘れず、戦後生まれの人々にもこのことを正しく伝えていくことが大切であると思ってきました。平成が戦争のない時代として終わろうとしていることに、心から安堵しています」

昭和時代に起こったアジア太平洋戦争は、日本だけで300万人以上の犠牲者を出した。一方で、日本は平成時代において戦争に巻き込まれることはなかった。世界各地では戦争が続いていたが、それでも冷戦終結以降は戦死者の数は減少傾向にあった。[420]

国境がなくなる未来

実際、世界的に見ても、1990年代は多幸感に満ちていた時代と言えるだろう。198

420　平成時代にも湾岸戦争やイラク戦争などが起きているものの、第二次世界大戦はもちろん、中国内戦、イラン・イラク戦争など昭和時代の戦争に比べるとはるかに戦死者は少ない。第二次世界大戦の総死者数は4000万人を超えるとも言われる。

9年にはベルリンの壁が崩壊し、長く続いた冷戦が終結した。「鉄のカーテン」と「竹のカーテン」が取り払われたのだ。1993年にはEUが発足し、単一の欧州市場と、さらなる政治的統合に期待が寄せられた（1章）。

折しも1990年代半ばに普及の始まったインターネットも、さらに世界を融和させていくのではないかと考えられた。1995年に出版された本の中で、ビル・ゲイツ（昭30）は「先進的なコミュニケーションシステムの存在は、各国をどんどん均質化し、国境の重要性を薄めていく」と予言していた[421]。

インターネットによって、自由で平等な言論の時代が訪れるのは確実に思われた。もはや独裁者は古典的な検閲などできないからだ[422]。

「グローバリゼーション」のかけ声の下、各国の経済的な相互関係はますます高まり、むしろ世界中の文化があまりにも均質的になることが危惧されるほどだった。旧共産圏を含めてマクドナルドやディズニーが世界を席巻し[423]、世界の「フラット化」が嬉々として論じられた[424]。ヨーロッパ各国では長く続いていた徴兵制が解除され始めた。ロシアが先進国首脳会議（サミット）に参加しG8体制が発足した。

こうした世界情勢を受けて、国家の存在感が希薄になるという議論が流行した。グーグルやマイクロソフトなどの巨大企業、国際NGO、テロリストなどさまざまな意思決定主体が登場する中で、国家はその中の一アクターに過ぎなくなったというのだ。

421　ビル・ゲイツ『ビル・ゲイツ　未来を語る』アスキー出版局、1995年。

422　ヤコブ・ムシャンガマ『ソクラテスからSNS「言論の自由」全史』早川書房、2024年。

423　マクドナルドのような、効率的で標準化されたシステムが世界を覆い尽くすという危惧を指摘し、話題になったのがジョージ・リッツア『マクドナルド化する社会』（早稲田大学出版部、1999年）だった。

424　トーマス・フリードマン『フラット化する世界』日本経済新聞社、2006年。原著は2005年に出版されている。

実際、ウィキペディアがサービス停止をちらつかせて、米国議会に圧力を掛けようとしたこともあった。ウィキリークスを創設したジュリアン・アサンジ（昭46）、アメリカ国家安全保障局の監視活動をリークしたエドワード・スノーデン（昭58）といった一民間人に巨大国家が右往左往したこともあった。

もはや主権国家の時代は終わるのではないか。テロや小規模な紛争は残るかも知れないが、やがては戦争も地球上からなくなるのではないか。そんな多幸感に満ちていた時代が平成前半だった。そういえば日本でも『絶望の国の幸福な若者たち』という本が出版されていた[425]。

昭和は二度ベルを鳴らす

だが令和時代に起きているのは、「昭和型国家」の復権とも言える現象である。

２０２０年初頭から始まった新型コロナウイルスの流行では、主に国境を基準にした防疫体制が構築され、人々の自由な往来は厳しく制限された。２０２２年にはロシアとウクライナ間、２０２３年にはイスラエルとパレスチナ間の戦争が始まった。

何も戦争は軍事的衝突だけではない。アメリカと中国の間では新冷戦とも呼べそうな事態が起きている。

たとえば半導体は現代の電子機器、通信、コンピュータ、軍事技術の中核をなす重要な部

425 『絶望の国の幸福な若者たち』の単行本出版は２０１１（平23／昭86）年。その7年後の２０１８（平30／昭93）年に同一著者による『平成くん、さようなら』が出版されている。

品である。その半導体を巡ってアメリカと中国は熾烈な冷戦を繰り広げている[426]。特に最先端の半導体製造技術を持つ台湾のＴＳＭＣは、「軍事侵攻」の舞台となる可能性も含めて、米中冷戦の鍵を握っている。

「厳しい国境管理」や「戦争」「冷戦」という昭和時代（20世紀）の遺物と思われていた出来事が、わかりやすいかたちで世界の日常となりつつあるのだ。

振り返れば、約１００年前、昭和時代が始まった頃も、世界は緊張状態にあった。

１９２９（昭４）年にニューヨークの株式が大暴落、世界恐慌が始まる。ヨーロッパでは、経済不安が極右や極左の政治運動を勢いづけ、ドイツではアドルフ・ヒトラー（昭-37）率いるナチス党が台頭し、１９３３（昭８）年に政権を掌握した。

日本でも、１９３１年の満州事変を皮切りに、中国大陸への侵略を進め、15年に及ぶ戦争時代が始まった。イタリアは１９３５（昭10）年にエチオピアを侵略、ドイツはラインラント進駐やオーストリア併合など、領土拡張を推し進める。このような動きは、国際社会の緊張を一層高め、やがて第二次世界大戦へと発展していく。

安易に１００年前と現代を重ねて、過剰に近未来を憂えるのは慎むべきだろう。だが少なくとも、平成時代が夢見た希望が急速に失われているのは事実であるように思う。僕たちはあの昭和初期の悪夢を繰り返すことになるのだろうか。

426　アメリカのオバマ政権時代は半導体産業のグローバル化は止められないという立場で、中国をサプライチェーンから閉め出すことには及び腰だった。詳しくはクリス・ミラー『半導体戦争　世界最重要テクノロジーをめぐる国家間の攻防』（ダイヤモンド社、２０２３年）を参照。

5　昭和100年

「昭和」のしぶとさ

本書では「昭和100年」をキーワードに、世界が夢見てきた未来とその顚末を見てきた。わかったのは「昭和」のしぶとさである。

日本のみならず世界でも、万博やオリンピックといったメガイベントを通して、工業と土木の力で世界を発展させたいという欲望から自由になるのは難しいようだ（1章）。その意味で、宇宙開発は「未来」であり続けている。工業社会の夢見る到達点の一つが宇宙開発であり、それが未達成のままだからだ（2章）。

近年において輝かしく回顧されがちな「昭和」にも負の面がある。成功したとされる1964（昭39）年の東京オリンピックでさえ、多くの禍根が残された（3章）。一方、工業社会の夢が十分に叶わなかった代わりに、インターネットを始めとした情報化社会の恩恵を僕たちは十分に受けている（4章）。

かつてはインターネットが民主主義に新しい可能性をもたらすという議論が流行したが、実際には権威主義国家の存在感は増す一方だ。そのような中で、「厳しい国境管理」や「戦争」「冷戦」といった昭和型の世界秩序が復活しつつある（5章）。

だが当然ながら、世界が昭和に回帰するという単純な話ではない。むしろ問題は、昭和型の想像力から抜け出しきれない僕たちにあるのかも知れない。

脱工業社会論の見誤り

本書では「昭和」を、工業の力で覇権を取ろうとした時代と考えてきた。だが実は昭和の真っ只中であったはずの1940年代から1950年代には「脱工業社会」を巡る議論が登場している。

「イノベーション」や「創造的破壊」の守護神のように扱われるヨーゼフ・シュンペーター（昭-43）は、実は資本主義の未来に悲観的だった。1942（昭17）年に出版された著作の中で「我々は今や、発電所、電力産業、農村や家庭の電化、自動車を作り出した大事業の波の下り坂にいる」と述べ、1930年代が「資本主義の最後のあがきの時期」になるかも知れないと予測する[427]。

シュンペーターの視座を、資本主義の終わりではなく工業社会の終わりと読み替えたのが脱工業社会論である[428]。

社会学者のダニエル・ベル（昭-7）は『脱工業社会の到来』で、機械による生産で富を作り出してきた工業社会から、知識が重要となる脱工業社会に移行しつつあることを指摘した[429]。

マルクス主義によれば、工業社会では工場などの生産手段を持つことが、資本家と労働者

427　シュムペーター『新装版　資本主義・社会主義・民主主義』東洋経済新報社、1995年。

428　早い事例としては、社会学者のデイヴィッド・リースマン（昭-17）が1954年に発表した論文集がある。彼は人類が欠乏から脱しつつある一方で、余暇時間の活用に頭を悩ませていることに注目している。邦訳は『個人主義の再検討』（パトリア書店、1959年）。

429　ダニエル・ベル『脱工業社会の到来　社会予測の一つの試み』ダイヤモンド社、1975年。原著は1973年の出版。

階級を分けるとされてきた。だが工業社会が終わるということは、もはや生産手段の有無は階級差をもたらさない。

では脱工業社会において何が格差を生み出すかと言えば、「知識」や「情報」である。それゆえベルは、企業に代わって大学や研究機関、実業家に代わって科学者や研究者が社会的影響力を増すと考えた。

この予想は半分当たって半分外れた。iPhoneが一台あれば、映画監督にもYouTuberにもなれる現代社会では、「知識」や「情報」が決定的に重要になったが、大学や研究機関などよりも企業のほうが大きな存在感を持っている。

また「知識」や「情報」に関してもベルは見誤った。脱工業社会では、個人の吸収すべき情報量が増えすぎることを危惧していたが、それはインターネット検索と人工知能が解決してくれた。僕たちは検索によって記憶力が必要なくなり、人工知能によって思考力さえも必要なくなった。

ダニエル・ベルの的中予言

一方で、ベルの予言の中で筋がよかったのは[430]、イデオロギーに関する議論だ。当時は資本主義陣営と共産主義陣営による冷戦の最中でもあった。

予言的にベルは1960年の段階で、「イデオロギーの終焉」を主張していた[431]。ベルによ

430　後世の人物というのは結果を知っているから偉そうになりがちだ。

431　ダニエル・ベル『イデオロギーの終焉　1950年代における政治思想の涸渇について』東京創元新社、1969年。原著は1960年の出版。

れば、イデオロギー対立に見える東西冷戦構造は、豊かさと分配を巡るツールの違いでしかなく、豊かさの達成において、もはやイデオロギーは意味は持たなくなると言うのだ。

実際、1950年代にはアメリカを中心とする先進資本主義諸国は、好景気と完全雇用によって「豊かな社会」が実現しつつあった。また最終的に1991年にソ連が崩壊し、東西冷戦が終わったが、それも豊かさによる決着だったと言っていいだろう。

このベルの予言は当たった。現代社会は未曽有の豊かさの中にある。

第二次世界大戦後の1945（昭20）年には、約45歳だった世界の平均寿命は、2020年には約72歳にまで延びている。1日1・9ドル以下の極度の貧困状態にある人の割合は、1990年（昭65）の約36％から、2020年には約9・2％にまで減少した。世界の子どもの識字率は91％を超え、ほぼ全ての子どもが初等教育に就学できるようになった。

20世紀の資本主義と共産主義の戦いが「豊かさ」で決着したならば、21世紀の民主主義と権威主義を巡る緊張関係も「豊かさ」で決着していくのかも知れない。中東のレンティア国家が代表的だが、「豊かさ」が担保されている限りにおいて、ほとんどの国民は蜂起や革命を企てようという発想にはならない。

マルクスたちの夢、叶う

カール・マルクス（昭-108）とフリードリヒ・エンゲルス（昭-106）は、次のように理想の共産主義社会を描いていた。

「気持ちのおもむくままに、朝には狩りをし、昼には魚をとり、夕べには家畜の世話をし、そして食後には批判をすることができる」[432]。分業によって特定の専門性を持つことを迫られる当時の社会を批判した文章だが、マルクスたちの夢は叶ってしまったことになる。

朝には「モンスターハンター」で狩りをして、昼には「どうぶつの森」で魚釣りをして、夕方は「スターデューバレー」でスローライフを楽しむ。食後にはXで有名人叩きに精を出し、多くのインプレッションを獲得する。そんな生活はもはや珍しいものではない。

実際には何らかのかたちで金銭を稼ぐ必要はある[433]。依然として経済格差は残るし、全ての人が理想の仕事に従事できるわけではない。だが、働き方の多様化や余暇の増加によって、マルクスたちの時代よりも労働環境ははるかによくなっている。

本書ではどちらかといえば昭和時代の「叶わなかった未来」に光を当ててきたが、「叶った未来」も多く存在する。１９７０（昭45）年の大阪万博で紹介された未来に関していえば、空飛ぶクルマや完全自動運転、月面居住などは未だ実現していない。一方、小型の通信機器や家電の自動化に関する展示があったが、それは携帯電話やスマートフォン、ルンバなど家庭用ロボットといったかたちで実現している。

昭和１００年の世界

432　マルクス・エンゲルス『新訳　ドイツ・イデオロギー』マルクス主義原典ライブラリー、２０００年。執筆は１８４５年から１８４６年にかけて行われた。

433　「インプレ・ゾンビ」という言葉が登場したように、Xではインプレッションの数によって金銭を獲得することができる。ただし非常に少額であり、インプレ・ゾンビとして生きていくのは非常に難しいように思う。

昭和100年からの世界はどうなっていくのだろうか。当然ながら、昭和がそのまま復活するわけではないし、そんなことは無理に決まっている。オリンピックと万博を開催し、リニアモーターカーを開通させたところで、同じかたちでの高度成長期は決して訪れない。

僕たちの問題は、想像力が「昭和」から抜け出せないことである。

たとえば経済成長だけを追い求めても、少子高齢化の進む現代日本では限界がある。焼畑農業のような短期的な政策ではなく、従前から人口政策に取り組んでおくべきだった。

一方で、経済成長をあきらめ、完璧に平等な社会を求めれば、それはそれでディストピアになりかねない。「みんなで貧しくなろう」という発想は、資本を蓄積できた高齢世代ほど有利に働く。

現代社会における課題は、大きく経済と承認の問題系に分けることができる。2000年代には、「ロスジェネ」や「年越し派遣村」に代表される貧困問題に光が当たっていた。だが2010年代以降の日本では、アイデンティティ・ポリティクスなどどちらかといえば「承認」にまつわる議論ばかりが注目されているように思う。

「承認」に関わる論争は社会的な議論を呼びやすいが、究極的には「気持ち」の問題であるため、「経済」よりも分配が容易なのだろう。当事者が意図しないかたちで、「承認」に関する議論が盛り上がるほど、「経済」的な公平さを求める運動のガス抜きとして機能してしまう。

しかも「承認」を巡る闘争は終わりがない。民主主義初期であれば、参政権を持つ人でさえ限定的だったため、国家側にも交渉の余地が大いにあった。だが選挙権が拡大したり、労働者の権利が保護されていく中で、国民の要求は細分化していく。折しも2010年代に普及したSNSは、「承認」を要求し、議論と炎上が起こる場所として機能している。[434]

　このような「承認」の要求はしばしばぶつかり合う。近年の「外国人」や「LGBTQ」を巡る議論が象徴的だ。政治家たちはアイデンティティ・ポリティクスという地雷原を避けるように行動し、結果的に社会変革は遅々として進まずに、論争ばかり盛り上がる。[435]

　だが「経済」、すなわち「豊かさ」をないがしろにした社会体制というのは脆弱である。民主主義国家が、「承認」にまつわる問題にばかり精を出すあまり、失われていく「豊かさ」に無関心になった時、本当の意味で「民主主義の危機」が訪れるだろう。人権や言論の自由が制約されても、「豊かさ」が実現した権威主義国家に憧れを抱く人が増えてしまうかも知れない。[436]

　未来はわからない。だが僕たちが昭和ゼロ年代を生きた人々と比べて圧倒的に優位なのは、昭和100年分の蓄積があることだ。テクノロジーという意味ではもちろん、歴史や思想も100年分のアーカイブが残されている。残念ながら、時代は常によりよく進歩していくわけではない。だが同様に、常に悪いほうへ退化していくわけでもない。

　夢を叶えるのと同じくらい、夢を忘れずにいることも大事だ。現代を生きる僕たちは、かつての人がどうしても叶えたくて仕方なかった夢の中にいる。同時に、すぐに実現するだろ

434　デイヴィッド・ランシマン『民主主義の壊れ方　クーデタ・大惨事・テクノロジー』白水社、2020年。

435　「はじめに」で取り上げたように、森喜朗の「女性蔑視」発言が社会的に糾弾された一方で、女性政治家や女性役員の少なさが、同程度に炎上することはない。

436　定義上、民主主義は誰かの妥協によって成立する社会制度だ。一人の候補者が100%の票を集めることも、住民投票で100対0という結果になることもあり得ない。自分の主義主張が通らなかった場合でも、その結果を一旦は受け入れることで民主主義は成立する。もちろん社会運動などさまざまな方法で社会を変えようと働きかけることはできるが、暴力でその結果を覆すような事態が横行した時も、民主主義の危機と言えるだろう。

うと思われた夢が未だに叶っていないという場合もある。新しい夢を求めるのなら、まずはその夢が本当に新しいのかを確かめたほうがいい。

逆説的だが、「昭和」と訣別するためには、きちんと「昭和」を忘れずにいるべきなのかも知れない。[437]「昭和」を先延ばしした先にあるのは、古びた「昭和」でしかないからだ。

そろそろ「昭和」に別れを告げるべき時期なのだろう。

437　かつて平和のためには忘却こそが重要だと書いたことがあるが（古市憲寿『誰も戦争を教えられない』講談社＋α文庫、2015年）、「ネタニヤフ」と「ヒトラー」を何の躊躇もなく同一視するイメージがSNSで拡散されているのを見ると、すでに歴史は一回りしてしまったようにも思える。

あとがき

1994（昭69）年8月31日、小沢健二さん（昭43）のアルバム「LIFE」が発売された。それからちょうど30年後の2024（昭99）年8月31日、武道館で「LIFE再現ライブ」が開催された。

それはまるで、あの「1994年」のまま世界が30年間続いてきたような、別の世界線の2024年に迷い込んだような、そんな錯覚さえ抱きそうな多幸感に満ちた時間だった。

1994年の世界には、まだ希望が満ちていた。

バブルが崩壊して長期不況は始まっていたが、若者が多く、社会が一種の躁状態だった時代。まだ阪神・淡路大震災も、地下鉄サリン事件も起きていなかった時代。長く続いた冷戦が終結し、世界の国々がリベラル民主主義に収斂していくだろうと信じられていた時代。

小沢さんのライブでは、今はもう失われてしまった時代の希望が明滅していた。仄かに、だけどくっきりと。

思えば、1990年代というのはこの国にとって分水嶺でもあった。もしもあの時、公共事業によって「昭和」の延命を図っていなければ。もしもあの時、人口動態の変化に危機感を抱き、本格的な少子化対策を打ち出せていれば。もしもあの時、きちんと「昭和」と訣別できていれば、日本は随分と違った世界線を歩むことになっていただろう。

この本の主題である「昭和１００年」もまるで別物になったはずだ。

あり得たかも知れない２０２５年を思い浮かべてみる——。

日本中の街には若者が溢れ、かつてないほどエンターテインメント業界は好景気に沸いている。２０００年代初頭に起こった第3次ベビーブームによって生まれた子どもたちが、ちょうど20代を迎えているからだ。母数が多いこともあり、音楽でも映画でもスポーツでも日本にルーツを持つ若者が、数え切れないくらい世界で活躍している。

「起業大国」と呼ばれるほどスタートアップが盛んで、世界の時価総額ランキングにも日本発のＩＴ企業が何社もランクインしている。１９９０年代から積極的に起業支援が行われたことに加え、昭和時代を支配していた「出る杭を打つ」という風潮が薄まったことも大きかった。

２０２０（昭95）年から流行した新型コロナウイルスに対する動揺は限定的だった。重症化リスクの低い若者が多い人口動態も関係しているのだろう。ほとんどの人は冷静に社会経済活動を継続し、東京オリンピック・パラリンピックは有観客で大きな盛り上がりを見せた。２０２５（昭100）年の大阪・関西万博は、１９７０（昭45）年万博跡地の吹田市の万博記念公園で開催される。低予算で実現が可能な上、昭和レトロブームの波に乗って、大盛り上がりを見せそうだ。

合計特殊出生率は1・7程度で推移している。人口維持に必要な2・07には届かないが、少子高齢化の進展が緩やかなため、次なる社会を準備するための時間は十分にある。

——そんな素晴らしい「昭和100年」は訪れなかった。僕たちが迎えるのは、このろくでもない「昭和100年」だ。

だが、忘れてはならないことがある。たとえ素晴らしい「昭和100年」が到来しても、それはすべての人にとって幸福な時代を意味しないということだ。客観的に考えれば、若者が多く、起業が盛んで、景気がいい社会のほうが、幸福な人は多いだろう。でもそれは全員ではない。

昔からタイムリープや転生をテーマにした作品を観るたびに思っていたことがある。もしも成功する人生の選択肢が提示されたとして、僕たちは本当に、元々の人生を潔くあきらめられるだろうか、と。

たとえば、本当だったら僕と一緒に笑っていたはずの友人が、他人として目の前を通り過ぎていく。この「成功」するための人生では彼らと知り合う必要はない。その運命に人は耐えられるのだろうか。思わず彼らに声をかけたくはならないのだろうか。

この、ろくでもない「昭和100年」を迎える日本だからこそ、出会えた人もいれば、生まれた小説や映画、音楽がある。素晴らしい「昭和100年」では、同じ人間でも思想や信条は違ったものになっていただろう。当然ながら、本書『昭和100年』も出版されていなかった。

僕たちは、この「昭和100年」を迎える世界だからこそ、僕たちとして存在している。

この本を書きながら、僕自身もあり得たかも知れない2025年を思い浮かべていた。2010（昭85）年に初めての本を出版して以来、メディアに出演したり、省庁の審議会に呼ばれる機会が増えた。今となっては笑ってしまうが、公的な場所では「若者代表」枠として扱われる機会が多かった。2011（昭86）年に起きた東日本大震災で「大人」の失敗が露呈してから、「若者」の声を聞かなくてはという気運が高まっていたのだ。

もしも僕が、もっと社会的であったり、政治闘争が好きな人間であれば、どこかのタイミングで出馬を決意して、政治家になるという道もあったのかも知れない。

日本ではある程度のキャリアを積み、40代以降で政治家になるケースが一般的だが、本当はもっと20代の政治家が増えてもいい。25歳で政治家になれば、20年経っても45歳。大臣くらいを経験して、セカンドキャリアを歩んでもいい。まあ、もし僕が政治家になっていても、すぐに失言して大炎上、あっさりと辞職していた様子が目に浮かぶ。

もう少し現実的だった計画もある。

実は2014（昭89）年頃、半ば真剣に海外移住を考えていた。キャリアを日本だけで終えていいのか悩み、まだぎりぎり20代のうちに、ロンドンかボストンあたりで数年間を過ごすのも悪くないと思っていた。

僕は人生の岐路において、信頼できる友人のぽろっと洩らす一言を参考にすることが多い。あれは、11月27日。木場の映画館まで『インターステラー』を観に行った帰り道だった。友人（昭64）の運転する車の中で、夕飯に何を食べるかを聞くように、本当に他愛のないことのように、海外で暮らそうか迷っているという話をしてみた。

彼は「行かなくてもいいんじゃない」と言った。目的が曖昧なまま、ただ海外へ行っても仕方ないという理由だったと思う。

時を同じくして、日本での仕事が増えてしまった。自然と海外に住みたいという気持ちは消えていた。その代わり、1年のうちに合わせて2ヵ月から3ヵ月は海外に出掛けるようにしている。

初期の僕の本は、どちらかと言えばサブカルチャーを好む人に受容されていたと思う。そう、まさに小沢健二を聴いていたような人が読者だった。

だがテレビなどでの露出が増えるに従って、その層も変わっていった。自分で言うのも何だが、それほど売れはしないが尊敬されやすい「サブカルチャーの島」から、知名度だけはあるが馬鹿にされやすい「メジャーの島」に移住してしまったのだ。流行ることとは馬鹿にされることでもある。

「サブカルチャーの島」に留まる人生もあったかも知れない。もしくはテレビ出演を控えて、本格的にアカデミズムの道に進む可能性もあったのだろうか。岩波書店や勁草書房あたりから硬派な、でも全く売れない本を出す「学者」になっていた人生を想像すると笑ってしまう。あれ、岩波書店ってまだあるんだっけ?

僕は、そうした人生を選べなかった。もしくは、選ばなかった。

そういうわけで今、西日の眩しい部屋で、この文章を書いている。ガラス越しに見える東京の街に、あり得たかも知れない自分の姿を思う。もしかしたらその人は、ビル群の上を抜け、羽田へと向かう飛行機に乗っていたのかも知れない。どこかの大学で授業をしていたかも知れない。東京を離れて、遠くの街でパートナーを見つけて暮らしていたかも知れない。

それぞれの人生は、それぞれの未来へつながっている。

世界線は無数にある。社会にも、僕にも、数え切れない平行世界がある。

だけど僕たちは、この「昭和100年」を生きるしかない。少しでもそのことが悪くないと思えるような発見が本書の中にあればいいいと思う。

最近、年下の友人が増えた。彼らには、僕がたどり着けなかった場所へ、もっと遠くまで行って欲しいと勝手ながら望んでしまう。どうか「昭和」を越えて、絶望を越えて、まやかしの希望に惑わされずに、その道を進んでいけますように。

こんな「昭和100年」でも、それが少しでもいい未来へつながっていきますように。

謝辞

浜崎あゆみさん（昭53）には、最大のヒット曲「ＳＥＡＳＯＮＳ」を含む絶望三部作と呼ばれる作品群がある。実は僕自身にも密かな絶望三部作がある。２０１１年から２０１３年にかけて講談社から出版した『絶望の国の幸福な若者たち』『僕たちの前途』『誰も戦争を教えてくれなかった』だ。その三部作の担当をしてくれたのが井上威朗さん（昭46）だった。だが井上さんの異動によって、しばらく講談社から本を出すことがなくなった。本書の２章、幕間、4章は幻の四作目の断片でもある。今はもうない『Ｇ２』という雑誌で書いた文章だ。石井克尚さん（昭56）が担当を引き継いでくれた。

3章の一部には雑誌『文藝春秋』「50年後の『ずばり東京』」シリーズのために書かれた文章を用いている。その際には、文藝春秋の池澤龍太さん（昭57）による資料収集が大きな助けになった。今では文春オンライン編集長という肩書で活躍中である。

いつか本にしようと思いながら、約10年が経ってしまったのだが、ふと２０２５年が「昭和１００年」だということに気が付いた。未だに残る「昭和」を縦軸、オリンピックや万博など「昭和」的なメガイベントを横軸にして、一冊の本が編めないかと考え始めた。

『10分で名著』など講談社現代新書でお世話になっている所澤淳さん（昭47）と井上さんに

連絡を取り、打ち合わせを重ねながら完成したのが本書『昭和100年』である。

読んでくれた人はわかるように、世界中を旅した軌跡をまとめた一冊だ。アメリカやイギリスではJamil Kazmi（昭60）、上海では尼寺孝彰くん（昭63）、イタリアでは田中麻里奈さん（昭60）のお世話になった。北海道では、漫画家の星野之宣さん（昭29）から、宇宙や未来にまつわる話を聞くことができた。

執筆終盤では、東浩紀さん（昭46）とゲンロンカフェのイベントに参加させてもらう機会があった。その際の東さんとの会話が、本書には活かされている。写真の多い本になったという一点で、東さんにも評価してもらえるだろうか。

思えば万博というテーマを意識したのは加藤秀俊さん（昭5）との会話が最初だったかも知れない。僕がメディアに出始めた頃、「学者」から受ける批判について話したら、自身が大阪万博に関わったことを教えてくれた。それから10年以上にわたり、取り留めのない世間話をした日々が懐かしく思い出される。旅先のシャルル・ド・ゴール空港で聞いた知らせは、今でも嘘のようで、思わずＦａｃｅｂｏｏｋでメッセージを送りそうになってしまう。

いつの間にか、会えない人は増えていく。いつも嫌味交じりに本の感想をくれていた瀧本哲史さん（年齢非公表）。どこか別の「昭和１００年」では、この社会のために走り続けているのだと思う。

嬉しいことを真っ先に伝えたい人や、ふと寂しくなった時に「何してる？」と聞ける人がこの世界にいることは、少しも当たり前ではない。今夜、これから会うだけなのだが、深瀬慧くん（昭60）にもありがとう。

昭和99年の夏、小沢健二さん（昭43）と出会えたのは僥倖だった。あのキラキラした夏の夜の雰囲気は、本書の読後感をほんの少しだけ爽快にしてくれたかも知れない。

「絶望四部作」は叶わなかった。代わりに今作が、新たな三部作の始まりになればと企んでいる。僕はこの「昭和１００年」を迎える世界で、もう少し旅を続けようと思う。

古市憲寿
（ふるいち・のりとし）

一九八五年、東京都生まれ。社会学者。慶應義塾大学SFC研究所上席所員。日本大学藝術学部客員教授。日本学術振興会「育志賞」受賞。若者の生態を的確に描出し、クールに擁護した著書『絶望の国の幸福な若者たち』（講談社）、世界の戦争博物館を巡り戦争と記憶の関係について考察した『誰も戦争を教えてくれなかった』（講談社）で注目され、メディアで活躍。他の著書に、『絶対に挫折しない日本史』『楽観論』『正義の味方が苦手です』（以上、新潮新書）、『古市くん、社会学を学び直しなさい!!』（光文社新書）、『10分で名著』『謎とき 世界の宗教・神話』（以上、講談社現代新書）など、小説に、『平成くん、さようなら』『ヒノマル』（以上、文藝春秋）、『百の夜は跳ねて』（新潮社）、『アスク・ミー・ホワイ』（マガジンハウス）などがある。

昭和100年

2024年12月17日　第1刷発行

著者
古市憲寿

発行者
篠木和久

発行所
株式会社講談社
東京都文京区音羽二丁目12-21
郵便番号112-8001
電話　編集　03-5395-3521（現代新書）
販売　03-5395-5817
業務　03-5395-3615

印刷所
株式会社新藤慶昌堂

製本所
大口製本印刷株式会社

装幀・写真
住吉昭人（フェイク・グラフィックス）

ＩＳＢＮ978-4-06-538032-1　N.D.C.210.7　299p　20cm　ＪＡＳＲＡＣ出　2409187-401